Great Teaching by Design

From Intention to Implementation in the Visible Learning Classroom

好的教学是设计出来的

一套详细、先进、实用的卓越课堂设计和实施方案

[新西兰] 约翰 · 哈蒂 John Hattie [加] 文斯 · 巴斯塔曼特 Vince Bustamante
[美] 约翰 · 阿尔马罗德 John Almarode [美] 道格拉斯 · 费舍 Douglas Fisher
[美] 南希 · 弗雷 Nancy Frey 著

CORWIN
corwin.com | A Sage Company

中国青年出版社

图书在版编目（CIP）数据

好的教学是设计出来的：一套详细、先进、实用的卓越课堂设计和实施方案 /（新西兰）约翰·哈蒂等著；刘琳红，万琦睿，支张悦译.
—北京：中国青年出版社，2023.12
书名原文：Great Teaching by Design: From Intention to Implementation in the Visible Learning Classroom
ISBN 978-7-5153-7070-5

Ⅰ.①好… Ⅱ.①约… ②刘… ③万… ④支… Ⅲ.①课堂教学–教学设计 Ⅳ.①G424.21

中国国家版本馆CIP数据核字（2023）第196345号

好的教学是设计出来的：一套详细、先进、实用的卓越课堂设计和实施方案

作　　者：［新西兰］约翰·哈蒂　［加］文斯·巴斯塔曼特
　　　　　［美］约翰·阿尔马罗德　道格拉斯·费舍　南希·弗雷
译　　者：刘琳红　万琦睿　支张悦
责任编辑：肖　佳
文字编辑：步欣旻
美术编辑：佟雪莹
出　　版：中国青年出版社
发　　行：北京中青文文化传媒有限公司
电　　话：010-65511272 / 65516873
公司网址：www.cyb.com.cn
购书网址：zqwts.tmall.com
印　　刷：大厂回族自治县益利印刷有限公司
版　　次：2023年12月第1版
印　　次：2023年12月第1次印刷
开　　本：787mm × 1092mm　1/16
字　　数：120千字
印　　张：10.5
京权图字：01-2022-2959
书　　号：ISBN 978-7-5153-7070-5
定　　价：49.00元

CONTENTS

目 录

ACKNOWLEDGMENTS
致谢

来自文斯·巴斯塔曼特（Vince Bustamante）

首次参与图书编纂项目，带领一个才华横溢的团队充满了挑战。在约翰·阿尔马罗德（John Almarode）的指导下，我们做到了。约翰，非常感谢你在成书过程中的谆谆教诲，与我促膝长谈。你的教诲价值连城。和你一起工作、向你学习，让人身心愉快。有幸的是，一路走来我们结下了深厚的友谊。

道格拉斯·费舍（Douglas Fisher）、南希·弗雷（Nancy Frey）和约翰·哈蒂（John Hattie），感谢你们宝贵的意见、发人深省的问题和精彩的反馈。知悉可以用电话、邮件和短信随时与大家取得联系，令人心安。这一项目是我职业生涯中最为获益匪浅的一次学习，没有团队的群策群力，项目就不会有这么深远的影响。

感谢科文出版社的编辑团队，尤其是杰西卡·艾伦（Jessica Allan）对本书汇总方面的指导。特别感谢阿里尔·库里（Ariel Curry）的鼓励和支持，将该项目的理念发扬光大并帮助该项目落地。

此书的灵感来自我职业生涯中无数共事过的老师、学生，有些甚至来自此书编撰期间我与他们的谈话。直接与这些老师、学生一起工作，就是我职业生涯中最快乐、最励志的一段日子。

最后，我要感谢爱妻利娅。你是我最坚强的后盾。感谢你对我的耐心和信任。你让我变得更加优秀，生活更加美满。有幸与你共度此生。十分感谢。

来自约翰·阿尔马罗德

想要在课堂上实现从潜力到实施的过渡，教师、教师领导者及教学机构领导者需要与同事团结协作，充分发挥专业知识，各尽其职。为实现这一目标建立一个支持框架，同样需要同事之间的相互合作。书中描写的就是这种团队合作的方式。有幸和各位才华横溢的同事们共事，谢谢你们对我的看法提出了质疑，并推动我进行更深一步的思考。约翰·哈蒂、文斯·巴斯塔曼特、道格拉斯·费舍和南希·弗雷，谢谢大家乐于以批判的形式交流教学上最行之有效的干预措施。约翰·哈蒂，感谢你与我们分享DIIE模型，好让我们在本书中构建一个从潜力到实施的转变框架。

在詹姆斯麦迪逊大学，我非常荣幸能够和一群高才绝学的学生一起工作。在不久的将来，他们将把自己的潜能转化为高质量、高影响力的教学。他们为我个人及职业教育生涯做出的贡献多到可以用一本书来记载。现在，一切都可以归结为一句诚挚的感谢。各位在课堂内外所做的贡献为本书奠定了坚实的基础。

我的两个孩子，特莎与杰克逊，一直为我加油打气。你们是上天的恩赐，谢谢你们的耐心，乐意帮爸爸想出最行之有效的教学方法。课堂教学应是经过精心设计的，而非随心所欲的，在精心设计过的课堂上花时间学习，自然会学得更好。

最后，但同样重要的是，我想谢谢我的爱妻丹妮。又一项图书编纂项目结束，我们仍然心心相印。非常感谢你的大力支持和陪伴，更加感激我们能相守一生。十分感谢。

来自出版商

科文出版社感谢以下同行评审专家提供的编辑见解和指导。

蒂莫西 · P. 库萨克（Timothy P. Cusack），教育学博士，埃德蒙顿天主教公立中学，阿尔伯塔省埃德蒙顿市

尼科尔 · 拉弗里尼尔（Nicole Lafreniere），埃德蒙顿天主教公立中学，阿尔伯塔省埃德蒙顿市

布兰登 · 帕汉（Brandon Pachan），皮尔公立教育局，安大略省布兰普顿市

ABOUT THE AUTHORS
关于作者

约翰·哈蒂博士

一位屡获殊荣的教育研究者和畅销书作家。在研究什么对学生的学习和成绩最有成效方面，他拥有近30年的经验。其研究“可见的学习”，整合了近30年来超过1500项元分析的结果，覆盖90 000多个研究，涉及全球3亿多名学生。他曾在350余次国际会议上提出真知灼见，因其为教育所做贡献获得众多认可。其著作有《可见的学习》（*Visible Learning*）、《可见的学习（教师版）》（*Visible Learning for Teachers*）、《可见的学习与学习科学》（*Visible Learning and the Science of How We Learn*）、《可见的学习（K–12 数学版）》（*Visible Learning for Mathematics, Grades K–12*），以及最近出版的《可见的学习的十种思维框架》（*10 Mindframes for Visible Learning*）。

文斯 · 巴斯塔曼特

一名教研员、课程内容开发者和作者，现任埃德蒙顿天主教公立中学社会研究课程顾问。拥有加拿大维多利亚大学课程与教学方向的教育学硕士学位，他致力于将研究融入课堂实践。作为一名经过认证的“可见的学习+”顾问，他热衷于教学评估、增强教师清晰性以及创造一种能够发展深度学习体验的课堂环境，让教师了解和评估他们对学生学习的影响。

约翰 · 阿尔马罗德博士

詹姆斯麦迪逊大学教育学院副教授兼教学执行主任。与詹姆斯麦迪逊大学的职前教师一同工作，积极探索自己的研究方向。他和同事们的研究成果已在美国国会、美国教育部以及白宫科学和技术政策办公室得到展示。他撰写了多篇文章、报告、专著章节，以及十几本专著，阐述在当今的学校与课堂中怎样做到有效教学。

道格拉斯·费舍博士

圣地亚哥州立大学教育领导学教授，健康科学初高中校领导者。曾在多所公立学校和非营利组织担任教师、语言发展专家和管理人员，其中8年在城市高地教育联盟担任专业发展主任——在此期间圣地亚哥的部分城市学校的学生成绩有所提高。几十年来，他一直致力于创建专业学习共同体，组建团队以设计、运行可以改善教学质量的系统。已出版多部教学专著，如《高度参与的线上线下融合式教学设计》（*The Distance Learning Playbook*）和《通过设计实现课堂互动》（*Engagement by Design*）等。

南希·弗雷博士

圣地亚哥州立大学教育领导学教授，健康科学初高中校领导者。曾在多所公立学校担任特殊教育教师、阅读专家和管理人员。她参与构建专业学习共同体，以及全校系统的设计，以提升教学质量。已出版多部专著，包括《教师清晰性行动手册》（*The Teacher Clarity Playbook*）和《缜密的阅读》（*Rigorous Reading*）等。

INTRODUCTION
前言

这是一本关于实施的书。实施是最大化和加速实现教育工作者对学生学习产生的影响的关键部分。该过程涉及将各种好的想法转化为高影响力的学习体验，从而推动学生学习。不过，实施的过程离不开以下工作：

- 了解学生当前的学习阶段
- 了解最有效的教学措施
- 评估教师对学生学习的影响

实施的过程包括将各种好的想法转化为高影响力的学习体验，从而推动学生学习。

实施过程体现在教育工作者所做的教学决策中。在实体课堂教学、混合教学和远程教学三种学习环境下，只有做出正确决策才能达到良好的教学效果。高效教师与其他教师的区别在于，他们能够在正确的时间做出正确的决策，从而为学生带来正确的学习体验（伯利纳，2001）。旁观者，如管理人员、同事或家长等，总是认为这种决策能力是某个教师天生就具备的。比如他们会说“克罗斯老师天生就是当老师的料”“桑杰老师有他自己的法子”“德索托老师做这个信手拈来”等。

尽管这些话是称赞老师，但也在暗示教学实践及提升学生学习的能力是与生俱来的，无法后天习得。人们常认为，人类DNA及人类基因的表达有一定概率因素，使得一部分人生来就天赋异禀，另一部分人则平平凡凡。下面我们以两位老师作为例子。

我们的故事从奥斯卡·瓦斯奎兹（Oscar Vasquez）和凯瑟琳·梅耶（Katherine Meyer）两位老师开始。这两位老师都在南休斯敦中学任教，他们的教室只有五步之遥。然而，这两个教室中的学生表现大相径庭。有些区别只一眼就能看出，有些区别则需悉心观察。一眼望去，在七年级的过道上，仅仅五步之遥的两间教室里是两番天地：一间教室里，学生们积极参与，而另一间教室里，学生们度日如年；一间教室里，学生们专心致志完成手头的作业，而另一间教室里，学生们只是服从老师；一间教室里，学生们参与真实的学习体验，而另一间教室里，学生们只是在完成枯燥的练习。两间教室，五步之遥，但瓦斯奎兹老师对学生的影响（包括认知、社会情感和行为结果）与梅耶老师对学生的影响相差远远超过五步。旁观者可能会认为瓦斯奎兹老师良好的课堂教学效果源于其教学天赋，而梅耶老师的课堂教学效果不佳，是因为“她只是没有这种能力”。但如果两位老师的区别只是在于瓦斯奎兹老师比梅耶老师更了解教学呢？

只有五步之遥，却差距甚大。究其原因是其中一位教师了解学生当下所处的学习阶段，了解最有效的教学措施，并不断地评估自己对学生学习的促进情况。这种教学方法并不是在任教之前就融入

DNA的，而是这位南休斯敦中学教师后天刻意习得且清晰地运用到教学当中的。一位老师使用了最行之有效的实施技巧，而另一位老师没有使用这些技巧。“教学方法”或“实施技巧”这两个词不仅仅代表着我们需要知道什么最有效，还表明我们需要将它们实施到各类教学环境中。

人们对教学知之甚多

关于什么才是“好的教学”，众多研究、建议和思考俯拾即是。海量的专业资源覆盖了教学的方方面面，使得教师、教研员及教学领导者眼花缭乱。随着更多师生将远程教学融入教学体验中，针对混合教学和远程教学的平台、工具和教学方法如雨后春笋般不断涌现。几乎所有在书籍、文章、在线资源和专业会议中推荐的适用于任何教学环境的方法、策略、平台和工具都提供了有效的证据。因此，当被问及“究竟什么方法行之有效”时，答案似乎是“所有方法行之有效”！教师只需查看自己的书架，就能发现相关资源，找到一种书中所称可以提升学生学习的教学方法。互联网更甚——只需动动手指，更多有关有效学习的大量链接就跃然眼前。那么，面对浩如烟海的信息，我们该如何梳理？

在教学方面，现有的研究已经给出了数不胜数的真知灼见。因此，我们才如此了解何为教学。从布罗菲（1998）到马扎诺（2017）、萨菲尔、海莉-斯佩卡和高尔（2018）再到斯特朗（2018），都给出了一整套令人信服的证据，列举了从学校层面、教师层面和学生层面提升学生学习的各种因素。比如，激活先备知识、课堂对话、高阶提问以及有效反馈都是能提升学生学习的重要因素（例如布罗菲，

1998；斯特朗，2018）。关于学习计划或学习目标，以及特定学习策略的研究（例如，拼图学习法、合作学习策略、笔记法、总结和刻意练习等）表明，这些学习方法对提升学生学习来说，都是有效的、能提供额外价值的工具。那么，在实体课堂教学、混合教学和远程教学三种学习情境下，行之有效的“东西”如此之多，教育工作者该如何在与日俱增的教学方法中梳理、选择，才能在日常教学中做出真正有助于提升学习的决策呢？

我们回顾一下瓦斯奎兹老师和梅耶老师的课堂。当我们和这两位教师探讨教学策略和学习方法时，谈论的内容大同小异。两位教师都谈到了设定明确的学习目标、使用评价体系、向学生阐明高期望、保持学生的参与度、建立支持学习的规章制度，以及和学生建立牢固、积极的关系。同时，两位教师都分别表明，其教学目的是让学生习得受益终身的知识和技能。他们所谈到的包括许多基于实证的实践，这些实践是马扎诺（2017）所说的“教学的艺术与科学”的基础。

然而，即使我们确定了高影响力的教学策略，这些策略的有效性也存在很大差异。比如翻转课堂。无论是在工作还是在假期，瓦斯奎兹老师都要潜心研读他的“教师阅读清单”里的书。他最近注意到，翻转教学的效应量可以达到0.56。有趣的是，在另一份文献中，同样是翻转教学，效应量却只有0.19。虽然我们不是解读效应量的专家，但我们仍然能认识到，两个数值相去甚远。那么，是什么造成了这样的差异？0.56的效应量是20个元分析的均值，独立审查这20个元分析时，我们发现平均值的标准差范围为0.19至1.19。再次强调，我们该如何解释这些差异？答案就是：实施存在差异。这一效应量差异反映了教师在实施翻转教学时所采用的方式各有千秋——有些教师会给学生提供演示文稿或者讲解视频，让学生在课前观看。之后，有些教师会在课堂上重复这些内容，或采取提问的方式——这就是效应量差异悬殊的主要原因。选择一个高成功率的干预措施只是重要的第一步；在这之后，实施的质量至关重要。下面让我们仔细看看效应量。这有助于我们理解瓦斯奎斯老师在决定实施翻转教学时所面临的挑战。

我们相信，教师能够刻意为学生设计学习体验，选择并努力实施最行之有效的干预措施，然后评估所选干预措施对学习的提升效果。

哈蒂和齐勒在其专著《可见的学习洞察》（*Visible Learning Insights*，2019）中的研究显示，大约96%的教学活动都能对学生学习有积极影响。不幸的是，有些“行之有效”的方法对学生学习的影响很小，另一些方法的影响力则更大。梅耶老师可能纯粹是碰运气，选到了有实证支持的教学方法，但也可能没选到。我们相信，教师能够刻意为学生设计学习体验，选择并努力实施最行之有效的干预措施，然后评估所选干预措施对学习的提升效果。

波斯纳（2004）研究了市面上可以获取的海量课程资源之后，描述了相似的问题：提升教学的课程太多了——从阅读课、数学课、STEM课程包，到性格塑造干预措施，很多课程都在宣传其有效性。波斯纳意识到了这一情况的副作用——他认为，过多的教育资源会产生3种可能的结果（大量基于研究的教学干预措施也会带来类似结果），具体如下：

1. 无视证据，单凭自己的直觉或常识。这是真正的碰运气式教学。
2. 选择并在课上使用自己最喜欢的教学方法。该方法可能并不对所有学生有效，因此，某些学生的学习是否能提升只能看运气。
3. 借鉴所有教学观点，将其组成所谓的"魔术袋"。若不评估这些决策对教学的提升作用，教学也只是在碰运气。

这3种结果都包含了碰运气的成分。我们认为这样是有问题的。梅耶老师可以把教室门关上，然后开始上课，凭借自己的直觉来碰运气。她也可以简单选择并反复使用一种教学方法，碰碰运气，寄希望于这种方法次次都能对每个学生奏效。单单对教学知之甚多、知晓什么干预措施行之有效并不能自然地带来有效的教学，尤其是当海量信息唾手可得之时。

要从所有行之有效的方法中找到最出类拔萃的那个，教育工作者必须评估这些方法对学生学习产生的影响的大小。影响的大小由某个影响因素、策略或方法的平均效应量表示。影响因素晴雨表能让效应量直观可见。

影响因素的完整列表请查看"可见的学习 MetaX"网站（https://www.visiblelearningmetax.com/），该网站会定期更新效应量。

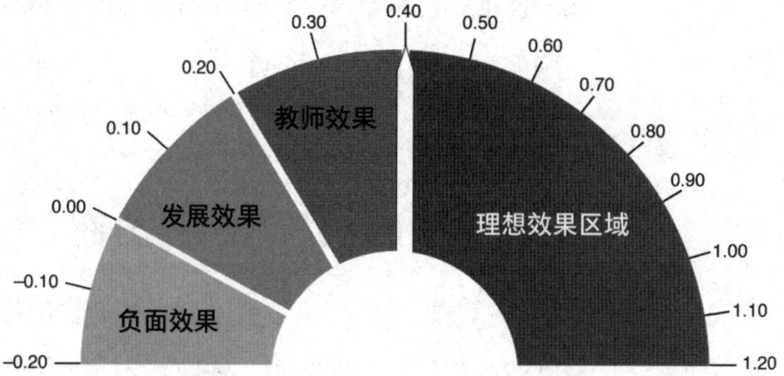

资料来源：Hattie, J.（2012）. *Visible learning for teachers: Maximizing impact on learning*. New York, NY: Routledge.

效应量可用于刻画影响的大小。该数据库中，折叶点0.40为均值，所以凡是效应量大于0.40的区域都大于均值，即有助于提升学习效率。因此，教育工作者可以通过判断何种方法有提升学习效果的潜力，来选择合适的教学方法。

通过分析各类影响因素并浏览影响因素晴雨表，教师可以真正开始思考他们对学生学习产生的影响，这是成为更好的教育工作者的关键。

> 通过分析各类影响因素并浏览影响因素晴雨表，教师可以真正开始思考他们对学生学习产生的影响，这是成为更好的教育工作者的关键。

当然，这些影响因素可以帮助引导瓦斯奎兹老师、梅耶老师和所有教育工作者给出“什么最行之有效”这个问题的最佳答案。然而，上课时瓦斯奎兹老师采用了高效的实践方法，人们一看便知，而这恰恰是梅耶老师的课堂所完全欠缺的。是的，在一些教师的课堂上明显发挥作用的影响因素，在其他教师的课堂上却完全找不到它们存在的证据。对教学知之甚多并不意味着能运用好这些教学知识、得出好的想法并把它们运用到教学实践中。

最行之有效的方法仅仅是一方面

我们仍然没有解决瓦斯奎兹老师和梅耶老师所阐述的相对普遍的挑战。教学可不是简简单单选择一个效应量为0.40以上的方法。毕竟，在瓦斯奎兹老师和梅耶老师的课堂上，影响因素、策略和方法相同，结果却截然不同。一个教学方法的效应量若超过均值0.40，也仅仅是具备促进教学质量提升的可能性。要真正提升学生学习，还需要成功的实施。即便教育工作者参考了影响因素晴雨表做决策，并采用了最行之有效的教育方法，学生获得的学习成果仍然具有偶然性。

一个教学方法的效应量若超过均值0.40，也仅仅是具备促进教学质量提升的可能性。要真正提升学生学习，还需要成功的实施。

我们仍然没有提出最重要的问题，即本书的核心问题。注意，前文讨论的重点是知道该实施什么干预措施，而不是具体怎样实施。瓦斯奎兹老师与梅耶老师对教学知识的了解没什么本质区别，而课堂效果的差异是由转化或者实施能力造成的：能否在具体的教学环境中，将自己的教学知识转化为高影响力的教学。也许，这才是我们核心问题的答案。梅耶老师和其他教育工作者想要更快对学生学习产生影响，并将这种影响最大化，关键不在于了解什么方法行之有效，或最行之有效，而在于要怎样去实施最行之有效的方法。

好的想法不等同于实施

当费舍、弗雷和哈蒂（2016）写下“每个学生都值得拥有一位好老师，他成为好老师是基于设计，而非处于偶尔”这句话时，他们将教师决策对高影响力教学的作用推到了最重要的位置。教师在每一天所做的每一个决策都有潜力提升学生的学习。然而，这一潜力必须被持之以恒地、切切实实地转化为高效的实施。在任何学习环境中，如果没有有效的实施，对学生学习产生影响的意图肯定会落空。知道什么方法最行之有效，仅仅是一方面。选定我们所知道的最行之有效的教学方法，确保其有效实施，并监控我们对学生学习产生的影响，这样我们才能实现基于设计的卓越教学。

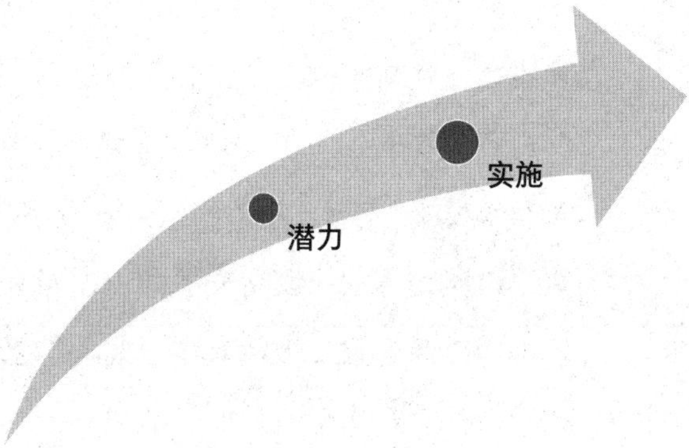

图0.1 从潜力到实施

换言之，我们必须将教学方面的好的想法转变为精心设计的学习体验，并最终在实体课堂教学、混合教学和远程教学环境中实施。

缩小潜力与实施之间的差距，正是本书的关键所在。

从潜力到实施

本书将关于教学的研究视为可以影响学生学习的潜在工具。本书将分析让好的想法转化为高效学习体验的过程，从而提升学生学习。选择旨在提升学习的教学方法只是其中一方面。

为了确保学习的发生，我们必须在合适的时间使用正确的内容为课堂中的学生实施这些教学方法。瓦斯奎兹老师和梅耶老师会选择有潜力的影响因素、策略和方法来促进学生学习，提升他们的学习成绩。两位老师的决策都带着提升学生学习的目的，而他们的不同之处在于实施的方式。换言之，瓦斯奎兹老师在合适的时间，使用正确的内容，并在正确的环境（实体课堂教学、混合教学和远程教学环境）中为学生实施了特定的影响因素、策略和方法。激活先备知识、课堂对话、高阶提问以及有效反馈都有潜力改善学生学习。拼图学习法、合作学习策略、笔记法、总结和刻意练习等也都有潜力提升学生的学习。成功实施这些方法，它们的潜力就能得到发挥，即对学生学习产生可见的影响。

成功实施这些方法，它们的潜力就能得到发挥，即对学生学习产生可见的影响。

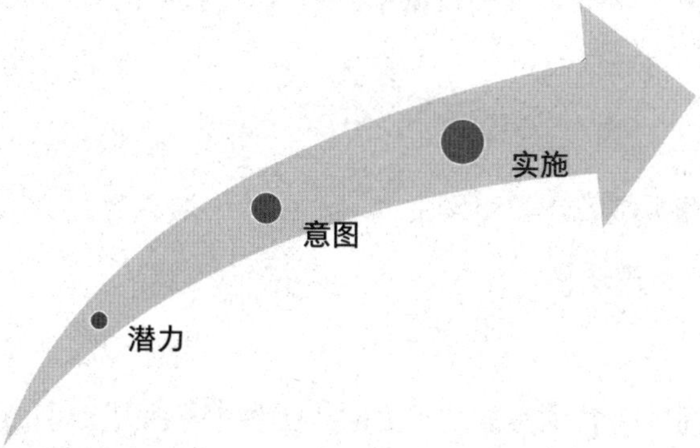

图0.2　意图在潜力到实施的转化中发挥的作用

说起来容易做起来难。我们致力于接受挑战，实现从潜力到实施的转化；我们致力于通过精心设计实现卓越教学。因此，本书旨在：

- 在我们的教学和学生的学习中，实现从意图到实施的转化。
- 通过不断收集教师对学生学习产生影响的证据来监控实施。

为了实现上述目标，我们必须对教学进行评估性思考。不论是瓦斯奎兹老师、梅耶老师还是其他任何教育工作者，不论是经验尚浅还是经验丰富，在敲定教学决策时，都要考虑到评估性思考中的4点关键因素：

1. 了解学生当前所处的学习阶段以及下一步即将进入哪个学习阶段。学生当前所处的学习阶段能反映其学习潜力以及教师的教学潜力。
2. 根据特定的课堂环境及学生情况，计划、设计并实施学习体验。计划必须侧重于刻意选择干预措施或教学方法。

3. 在学生学习的过程中，使用基于实证的教学方法来支持他们。我们不仅要明确这些基于实证的教学方法，更要在教学中实施它们。
4. 评估各类学习体验对学生学习产生的影响。我们必须以此为基础做出合理决策。

不言而喻，教师本能地想为学生提供最有益于他们的教育。随着人们对教师的要求和期望越来越高，教师的责任也越来越大——他们需要进行能使学生取得最大成功的实践。教育从业者必须采取合适的教学策略，在提升学生学习的同时不至于让自己筋疲力尽。“现在，人们普遍认为教师素质对成功教学至关重要，显然，满足这些新要求让广大教师重担在肩。”（达林－哈蒙和奥克斯，2019）

本书亮点

本书旨在引导读者吸收教学知识、学科知识和教学理念，以最大限度地提升学生在各类教育环境中的学习。将这些要素融入高质量、高影响力的实体课堂教学的过程，与在远程教学环境中实现教学成效最大化的过程是相同的。本书的亮点在于回答了要如何实施最行之有效的教学方法这一问题。让我们接受挑战，缩小潜力、意图和实施之间的差距。好的教学是可以设计出来的——当我们精心设计教学时，学生就能学到更多。

第一章

实施最行之有效的方法

IMPLEMENTING WHAT WORKS BEST

“

高效的教师对教学有着自己特定的思考方式，从而做出缜密的决策。

”

萨尔瓦多（Salvador）老师是玛吉·沃克小学的一位四年级教师，即将迎来其教学生涯的第3年。他的课堂总是十分活跃，学生们都积极参与到有关他们学习的实际任务和学术交流中。而同事们经常赞扬他善于和学生打交道，且善于鼓励学生挑战各学科的疑难问题。他的学生在阅读、写作和数学方面都取得了突破性进展。问及缘由，他当即指出："教学相长。"建设性批评、反思性提问和团队协作成为日常学习环境中不可或缺的一部分——这一点在他的课堂上显而易见。萨尔瓦多老师从学生的角度看待学习，学生自己也积极参与学习过程。尽管课堂上每个成员的个人特征、学习倾向或学习动机都有所不同，学生们的积极参与还是显示并指导了怎样为每个学生实施最行之有效的教学方法。可以看出，萨尔瓦多老师作为一位教育工作者，理解了如何为学生实施最有效的教学方法。

通过明确学生目前所处的学习阶段以及相关实证研究来总结出最行之有效的教学方法，并持之以恒地评估我们的决策对学生学习产生的影响，可以将最行之有效的教学方法付诸实施。这一过程需要一种精心设计的、有目的性的实施方法，我们称为DIIE模型（见图1.1）。该模型的4个组成部分都运用了教学过程中的评估性思维。在这4个组成部分中，诊断和发现学生当前所处的学习阶段直接决定了何种学习干预措施能最大限度地提升学生学习。

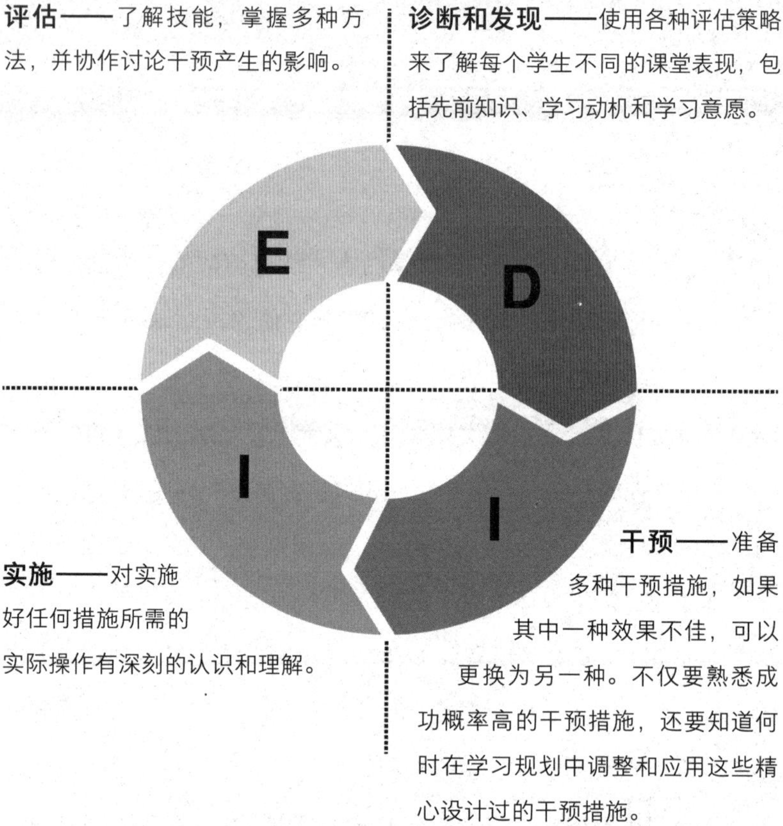

图1.1　DIIE模型

根据DIIE模型，我们必须通过活跃而严格执行的学习体验来实施干预措施。然后，我们必须评估我们的决策在提升学生学习方面的影响，而该评估结果能让我们重新定位学生目前所处的学习阶段。

DIIE模型是实施的共享语言

DIIE模型所提供的共享教学语言可以使我们每个人都充分地利

用各种学习环境中教师的集体效能，深信教师能够促进学生的学习，并为此提供佐证。DIIE模型的4个阶段（诊断和发现、干预、实施和评估）可以指导我们将好的想法转化为高效的学习体验，从而提升学生学习。

诊断和发现。回想开学头几周，老师们似乎忙于各类文化建设活动、会议、礼仪性会见、规章制度的建立等。在那几周里，他们如何能花时间去了解每个学生的学习倾向呢？疯狂地按照基本课程目标来规划课程，并确保课程井然有序地展开，这样很容易深陷泥潭，弄不清楚教学内容。评估性思维策略给教师们带来了一个挑战：他们需要考虑的不是教学内容，而是教学对象。我们的学生是教学中最重要的决定因素。

DIIE模型所提供的共享教学语言可以使我们每个人都充分地利用各种学习环境中教师的集体效能，深信教师能够促进学生的学习，并为此提供佐证。无论是在实体课堂教学环境还是远程教学环境中，该模型都支持教师实施最行之有效的教学方法。

当许多教师花时间思考要教什么内容时，那些运用评估性思维技巧的教师正忙着了解他们的教学对象，了解每个学生当前的学习状态或他们所处的学习环境。评估性思维的第一个组成部分确保教师能批判性地思考其学生当下所处的学习阶段，以及后续即将进入哪一个学习阶段。学生当前所处的学习阶段能反映其学习潜力以及教师的教学潜力。这便是DIIE模型的“诊断和发现”这一环节的重点。当教师设法确定学生在课堂上的学习倾向、个性特征、学习经历以及学习机会时，他们的教学实践就有潜力对学生学习产生更大的影响。

但应注意，DIIE模型使用“诊断”一词，并非指医学意义上的诊断，相反，是指教师在传道授业解惑之前，更多地去探索（诊断）他们的学生。例如，假设你正在准备晚宴以庆祝学年结束。烹饪前应当询问大家的饮食习惯或者有没有食物过敏的情况，这样才能为所有食客提供更个性化、更包容的菜单。自然而然，大家也都会有更好的体验。使用各种评估策略确定学生在课堂上的学习状态，可以更有效地开展教学，以迎合每个学生的学习倾向。

干预。当教师采取适当的措施来了解其学生时，即可进入DIIE模型的第二阶段——干预。理解干预措施有效性的同时，对学生有着适当的了解，是最大限度提升学生学习的基础。若忽略DIIE模型中的第一个阶段，即“诊断和发现”，干预措施或许可以提升学生学习，却不能最大限度地产生积极影响。换言之，我们未能在提升学生学习方面发挥最大潜力。我们可以获取的干预措施相关资料如此之多，导致我们难以甄别在学生学习的特定阶段中，何种干预措施最有潜力产生影响。要知道几乎所有方法都是行之有效的，但我们的任务是找出其中最出类拔萃的。我们应该根据具体的学习环境和学生情况来规划、设计和实施学习体验。在此过程中，一定要考虑我们是处于实体课堂教学环境中还是远程教学环境中。此类规划的聚焦点，必须在于有目的地选择一种合适的教学干预措施或方法。

尽管成功干预的关键在于彻底了解学生的学习倾向、个性特征、以往经历和学习机会，如何将具体的干预措施融入教学也需要我们深思熟虑。教师既要寻求高影响力的方法，又要知道在什么时候、什么场景应用这些方法（哈蒂和多诺霍，2016）。要成功选择干预措施，教师应想想：

1. 我们是否准备了多种干预措施？（以防最初选择的干预措施对部分学生效果不佳）
2. 我们知道在什么时候应用这些干预措施吗？
3. 我们是否知道在什么时候根据对学生的了解来调整或改变干预措施？

实施。DIIE模型的第三阶段——实施，与了解什么是高效的干预措施同等重要。一旦找到了基于实证的教学方法，便可以促进学生学习，但前提是这些教学方式必须得到有效实施。

可供采纳的策略和干预措施十分丰富，导致我们很容易陷入信息过载的状态——什么时候、采用哪种策略或干预措施。回想一下，你的同事采用了某种专业方法，并推荐你也考虑试试。通常情况下，你的同事向你推荐这些资源，是因为他在自己的学生身上使用了资源中的方法，并颇有成效。虽然你的同事已经找到了提升其学生学习的方法、策略或主意（这很棒），但你必须考虑两件事：(1)你的课堂学习环境的实际情况（实体课堂教学、混合式教学和远程教学）；(2)如何根据你的课堂实际环境对同事推荐的方法、策略或主意进行必要的调整，以使它们奏效。

实施过程必须确保所有利益相关者（如学生、教师、家长）都对这些实证方法（即干预措施）有明确的认识，并且这些实证方法要在适用性和任务上有所不同。要确保学生的学习得到提升，必须确定使用哪些干预措施，并持之以恒地实施它们。因此，在实施阶段，教师应该采用批判性或评估性视角。实施意味着在学生学习的过程中，了解在什么特定的时间去使用什么特定的干预措施。

评估。如果不对我们的教学实践进行评估，我们就永远不可能真正“了解自己对学生学习带来的影响”。评估必须要在我们和同事或学生的合作下完成。作为DIIE模型的最后阶段，评估要求我们检查教学策略的实施情况，以确定我们选择的干预措施及其实施情况对学生的成长和进步带来的影响。当我们评估自己起到的作用时，应注意到学生的进步和学生的成绩之间有着明显的差异。为了真正公平地实施教学策略，学生必须了解自己的成长和进步，以及对学习成效的总体期望。学习成效包括学术、行为和社会情感3个方面。

想要成功评估我们对学生学习带来的影响，需要回归至DIIE模型的第一阶段，并悉心思考我们的最初决策。尽管这听起来像是一个大的哲学问题，但我们必须把自己对学生学习带来的影响作为焦点。在DIIE模型的评估阶段，我们必须反思先前的决策，并确定我们在教学和学生学习方面的下一步目标。当我们反思时，应该了解这些学习体验对学生带来的预期影响。

缺乏信念和动机，就无法将最行之有效的方法付诸实施。

然而，DIIE模型可不是一个简简单单的逐步操作列表或秘诀，让教师能够核对和管理。思维方式和动机决定了我们根据模型的各部分所做出的决策（见图1.2）。这里我想到了两句格言：我们的感受是真实的；它与我们的思维方式相联系，并且思想走到哪里，人就跟到哪里。虽然有点陈词滥调，但这两句格言强调了信念、思维方式和动机在决策中的作用。我们的教学信念驱动着我们做出关于实施的决策。我们决定从事教育行业的动机影响着我们所做的关于实施的决策。缺乏信念和动机，就无法将最行之有效的方法付诸实施。让我们看看信念和动机是如何高度预测最有效的教学方法的。

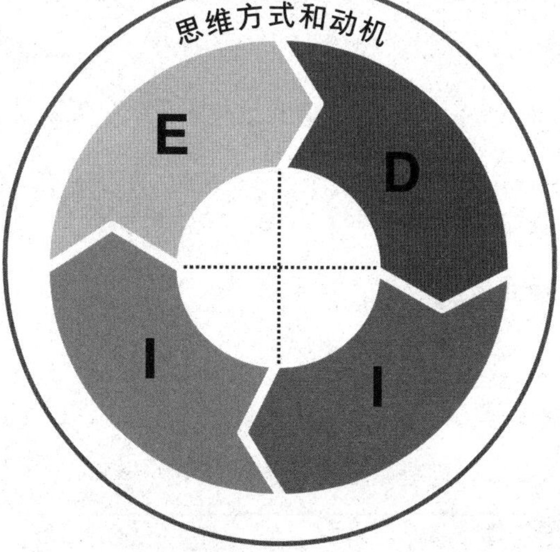

图1.2　DIIE模型存在于我们的思维方式和动机中

思维方式和动机

贾斯汀·布思（Justin Booth）老师是一名中学科学教师，无论从哪方面（如学生成长、师生关系、学科知识、教育学知识等）来看，他都是一名高效的教师。当学生进入教室时，他都会打声招呼，希望他们尽快开始课前小测。“我想确保学生们准备好开始一天的学习。课前小测有助于学生复习整合他们之前学到的知识，同时让我掌握他们对今天要学习的内容的了解情况。”

当学生们完成课前小测时，布思老师会在教室中走动，询问他们有关课前小测的问题，以及一些个人问题，来加深对他们的了解。布思老师的学生萨凡纳分享道，“布思老师总问我有关足球训练的问题，然后，他会对我的完成情况进行反馈。他真的很关心我，让我觉得自己很重要”。

经过一段特定的时间后，布思老师会让学生们停笔，看看当天的学习目标和成功标准。“同学们，根据你们课前小测的结果，我认为我们还需要花点时间来了解自变量和因变量的差别。没问题！我们能行。”他毫不犹豫地开始了当天的教学。在他的课堂中，有几点较为突出——除了上述的“快照”之外，布思老师还体现出了作为一名专业教师的如下特征：

- 建立一个团结一致、相互关爱的学习小组，使同学之间相互协作
- 通过参与度高的学习体验或任务，最大限度地利用教学时间
- 能意识到课堂管理是建立有效学习环境的过程
- 调整他的规划、教学和评估，使其能够匹配学生在八年级科学课堂上所期望了解、理解和能够做的事情
- 制定学习目标和成功标准，并将其告知学生，以阐明学习效果
- 搭建清晰的知识框架和脉络，以教授学科知识，培养学生技能，并提升他们对知识的理解
- 通过规划提问来引导学生学习，帮助他们将知识概念化，以使他

们进行学术讨论

- 提供刻意练习的机会，并给予反馈支持
- 支架式教学，确保学生公平地获得学习资源和机会
- 采用对学生理解情况的各项检验，来监测他们的学习效果（改编自布罗菲，1998）

要想深刻地理解布思老师这样的专业教师是如何采纳好的想法并将其有效实施的，我们需要时刻关注他们的实体课堂教学环境或远程教学环境。高效的教师对教学有着自己特定的思考方式，从而做出缜密的决策。

高效的教师对教学有着自己特定的思考方式，从而做出缜密的决策（见图1.3）。

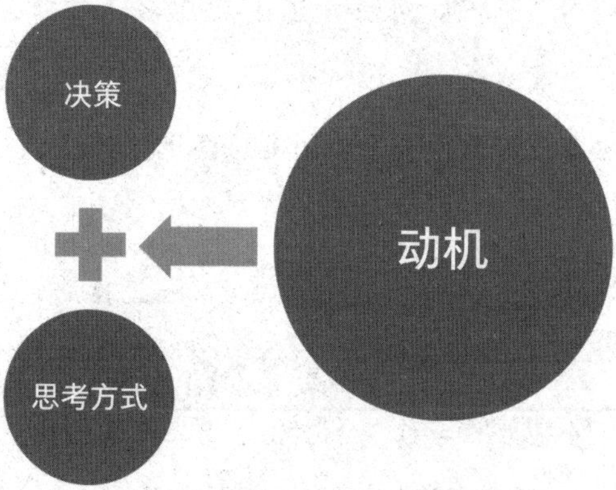

图1.3　什么造就了高效教师

这种决策和思考方式是由教师对学生成长和成就的动机推动的。

教师决策

如果说正确决策才能实现卓越的教学效果，那么像布思老师这样的教师会怎样做决策呢？决策过程历来是众多研究者的兴趣所在（例如，卡内曼和特沃斯基，2000）。据从事人类决策研究的学者称，决策过程包括：（1）认识到决策的必要性；（2）收集实证来权衡和考虑选项；（3）就其中一个或多个选项采取行动；（4）反思决策效果。

布思老师的自我对话使他一步步做出决定。“首先，我认识到，就课堂上发生的事情做出正确的决策，关键点真的在于我——毕竟，我就是课堂中的老师。”这种观点表明，教师应当有目的地、有计划地去实施好的想法，否则，这些想法就无法体现在实体课堂教学环境或远程教学环境中。教师能明辨主意是好是坏。此外，布思老师的教学与学生学习之间的关系再如何强调也不为过。布思老师认识到自己决策的力量及其对学生学习成果的影响。如果你把两个学生放在一起比较，会发现是谁给学生上课比学生在哪所学校上课更加重要（哈蒂和齐勒，2019）。

认识到我们的决策具有价值和潜力，从而也具有力量后，就可以进入决策过程的下一步——收集信息。“收集信息花费了我大部分的时间。我不仅要知道我想让学生学习什么，还要知道他们已经学到了什么。我必须从他们那里了解到，他们在进教室前，对运动、力学、电学或者当天要学习的知识有多了解。”当教育工作者收集关于学生先备知识或背景知识的信息或实证时，可以通过学生的学习进程确定可能的方法或路径。教师在教学过程中一定要仔细权衡这些实证证据，以此来考虑所有可能促进学习的方案。之后，他们必须根据这些实证证据筛选出最优方案。

布思老师指出，“在我规划好课上要做什么后，有趣的部分就是课堂设置了。如果我决定使用拼图学习法，就必须规划好选择和分组。如果决定上一堂实验课，实验室就要先安排妥当”。决策好如何提升学习效果后，就可以直接采取行动了。然而，采取行动的同时，也必须设置一种日后审视我们决策的方法。“当我开始设置课堂时，就在思考将如何检查学生是否在专心上课。即如果采用拼图学习法或者上实验课，就必须确保学生真的学到了东西。用显微镜观察细胞很好玩，但我必须问自己，这对学生有什么帮助吗？”

正如本书前言指出的，高效的教师有能力在合适的时间做出合适的决策，给学生带来良好的学习体验。如果做得好，教师的决策过程就是缜密的自我对话的产物——这种对话呈现出高影响力的教学效果。自我对话和随后做出的决策是更宏伟的思维方式的一部分。约翰·哈蒂称其为思维框架（哈蒂和齐勒，2018）。

思维方式和决策

“我们如何思考所做事情带来的影响，比我们所做的事情本身更重要。（哈蒂和齐勒，2018）”教育工作者总的决策方向，乃至每一次单独的决策，都能明显体现这一观点。特定的思维框架引导着思维方式、帮助同事和学生的方式，以及个人对教学的热爱和激情。布思老师作为一名中学科学教师，其思维框架远远超出有关显微镜、细胞和课前小测的单一决策，而实际上在于他和我们其他教育工作者如何思考自己在学习环境中所做的工作。有实证证据表明，教师决策与其思维框架相关（哈蒂和齐勒，2018）。

教师决策体现出的思维框架有10种，它们对教师教学和学生学习的方式有着显著的影响。前3种思维框架与教育工作者如何思考他们对学生学习产生的影响息息相关。

1. 我能评估自己对学生学习的影响。
2. 评估能让我检视我带来的影响，并指导我的下一步行动。
3. 我与同事和学生合作，探讨进步的概念，以及我对学生学习产生的影响。

让我们暂别布思老师的课堂，参观凯蒂·坎贝尔（Katy Campbell）老师的四年级课堂。她正在为即将到来的英文语言学习课做计划，并从查看学生对前一天布置的在线阅读理解任务的反馈情况开始。“我常常花时间检查前一天布置给学生的作业。无论学生的反馈情况是否达到我的预期，我都能审视自己的教学表现。”坎贝尔老师会根据这些信息来决定接下来该如何教导学生。坎贝尔老师说：“这十分关键，我可以决定接下来该如何教导学生，采用什么策略或干预措施来推动他们的学习。在某些情况下，我与他们进行远程会议，并根据他们的个人阅读目标来规划接下来如何教导他们。”

显然，坎贝尔老师认识到她应该评估自己对学生学习产生的影响。她利用相关信息来引导自己的下一步教学，而不单单是为了学生的成绩。她的思维框架关注她自己对学生学习产生的影响，这直接引导了她的决策。坎贝尔老师会定期进行自我提问，以作为她决策的一部分：如何确定自己的教学行之有效？教学方法之间孰优孰劣？她使用的某种特定方法与另一种方法相比有什么优点？什么样的证据能评估她的教学对学生学习产生的影响？“起初，采用远程学习很难收集这些信息。然而，我很快意识到，有一些方法能让我审视学生们是如何取得学习进步的。”

接下来两种思维框架涉及教育者如何对待实体课堂教学环境和远程教学环境中的变革和挑战。

1. **我能推动变革并坚信所有学生都能取得进步。**
2. **我勇于迎接挑战，而不仅仅是“尽力而为”。**

比如在学习环境中，谁推动了变革？变革的推动主要依靠教师，但这并不意味着学生不参与学习过程。相反，这些思维框架认为教师有能力去最大限度地提升学生学习。为此，我们必须接受挑战，让学生们严阵以待，以迎接学习中的挑战。教学的艺术在于了解不同的学生分别适合接受什么级别的挑战。

我们必须将自己视为变革的推动者，在教学过程中迎接挑战。例如，让我们来看看高中物理老师托马斯·奥尼尔（Thomas O’Neill）的思维框架。在他的思维框架之下，他应当是推动变革的教师。“我的学生带着对世界如何运转的先前经验和概念走进我的课堂。我认为我的个人职责是确保教学以促进概念转变的方式吸引学生。”奥尼尔老师认识到，他规划、设计和实施教学的方式是学生学习的催化剂。在科学学科中，这被称为概念转变，但它也适用于其他学科。

学习过程是费时费力的。但这并不妨碍奥尼尔老师勇于接受挑战，并支持学生努力掌握学科所要求的深奥且复杂的知识和技能。

研究英语语言艺术，我们需要一个编辑和修改的过程；研究数学，我们必须验证我们的解决方案和方法；进行社会研究时，我们必须采取三角互证法以支撑我们的历史推断；最后，进行科学研究时，要参透科学的本质，并批驳假说。无论学科或内容领域如何，所有教育工作者及其学生都必须认识到，学习将是，也应该是具有挑战性的。

不过，我们也必须在学生迎接挑战时，支持他们取得方法和进展上的突破。我们是否要帮助学生认识到专心致志、持之以恒以及刻意练习的作用？“我并不觉得物理难学，只是觉得学习体验应该对学生思维构成某种挑战。我必须让他们适应挑战。因此，我需要将每个学生视为独立的个体，并在他们学习的过程中分别提供支撑。一天课程结束，如果我希望他们冒着风险去投入到一个有挑战性的问题、场景或人物中，我就必须让他们能在课堂上感受到被支持，或拥有安全感。”

奥尼尔老师最后的这句话直接引出了剩下的5种思维框架——它们聚焦于学习。作为教师，我们该如何谈论自己的角色？

1. 我给予学生反馈，并帮助他们理解反馈。我也领会学生对我的反馈，并据此采取行动。
2. 我会自我对话，也会和他人共同研讨。
3. 我从一开始就向学生明确成功提升学习效果是怎样的。
4. 我与学生建立良好的关系并相互信任，这样学生就可以在一个安全的环境中学习——他们可以犯错，也可以向他人学习。
5. 我专注于学习和学习的语言。

具体来说，我们参考的是教师的教学还是学生的学习？上述5个思维框架将学生的学习置于教育工作者做决策和工作过程中最关键的位置。现在，需要澄清的是，这并非说教师的教学过程不重要——它很重要。然而，一些教师能极大地提升学生学习，一些教师则（暂时）没能做到。一个区别在于，前者更专注于学生的学习，而非教师的教学。

让我们深入探索这个观点和上述5种思维框架。下面举个反例。在教师办公室里，两位数学老师正在闲聊，一位老师说："我教了他们全等三角形的知识，让他们做了很多练习。我甚至教了他们判断全等三角形的方法：边边边，边角边，角角边，角边角。"另一位老师回答说："我不知道我们还能做什么。"看到这段简短的交流时，首先承认，我们都曾经历过这个阶段。当然，我们可以很容易地列出自己在教学生涯中曾做过的一系列工作。然而，想提升学生学习，就需要换个思维方式。也许可以是这样："我需要和学生谈谈，来更好地了解他们的学习情况。他们在课堂内容上有何想法、问题、困难和观点？"什么问题难住了他们？哪些方法有助于学生理解，但他们尚未知晓？方法包括但不限于：与学生交谈；寻求他们的反馈，包括他们对成功的期望；（使他们）认识到犯错误也是学习的机会。

这10种思维框架驱动并影响着教师的教学决策，包括在英文语言学习课或下午的几何课上所做的日常决策。那么，是什么塑造了我们的思维框架？要如何在我们所有人及我们的同事中培养这些思维框架？你可能猜到了，是教师的动机塑造了这些思维框架。

动机和决策

回想一下你的学生时代。还记得你经常被问到的问题吗：长大以后你想做什么？如果你的回答是老师，原因是什么？并且，自从你决定从教以后，原因是否有变化？本书的作者之一，约翰·阿尔马罗德，从幼儿园毕业时就决定要从教。多年来，他致力于成为一名科学教师，之后成为一名教师培训人员。他最初的从教动机是他在小学时被自己的老师们激发的。而真正点燃他从教激情的，是他的六年级理科老师——克罗斯（Cross）。这一切都发生在他学生生涯的早期。而我们中的一部分人可能是换了两三次工作后才进入教育行业。在这种情况下，我们的从教原因可能各不相同。事实是，我们中的一些人在小时候并不打算从教。例如，文斯是在上大学时，由于一位教授建议他将从教当作一种职业选择，才下定决心去当一名教师。尽管他不得不改变专业，但他决定继续追求教育事业，从此没有回头。南希早在为左邻右舍上课并获得教师资格证之前就开始教自己的毛绒玩具了。这些故事的共同点在于，决定从教的人身边有一些教师作为榜样，或至少获得了业内人士的激励。对他们来说，教书是一种激情，且具有感染力。正如布思老师、克罗斯老师或文斯的大学教授一样，教育与其说是一种职业选择，不如说是一种生活方式——他们将其视为自己的身份。

而这种激情、生活方式和身份认同并不是每个人都拥有的。你可能听过这样一句话：不能者为师？是的，每每听到这种说法，我们都会汗毛竖立。尽管这在未来可能会改变，但现实是，我们生活在一个教育迫切需要在社会中为自己正名的时代。我们对教学的看法与大众对学校现状的看法产生了脱节，其原因有很多。一个可能的原因是，几乎人人都上过学，扮演过学生的角色。大家都在人生的某个阶段当过学生，体验过多年校园生活。这些经历导致大家拥有一种强烈的信念：当时在学校对他们有用的东西，应该对每个人都有用。毕竟，“这是我上学时我们必须要做的事”。

我们常常能看到从教动机和从教决定之间的联系。我们所有人对教学的最初认识都来自我们成长过程中的直接经历：我们曾作为学生上过很多课。而教师自己在学生时代的经历对他们如何看待自己的教师身份有着直接影响。例如，布思老师决心从教的动机来自另一位老师。因此，布思老师的教学模式就源于那位有影响力的老师。无独有偶，约翰·阿尔马罗德的教学模式也效仿了克罗斯老师的六年级科学课。效仿我们最喜欢或最有影响力的老师可能会制约我们对学生学习的提升效果。尽管效仿是每个教师职业生涯和个人故事中必不可少的过程，但这复制的只是对我们影响最深远的教师的教学方法，而不是带来这种方法的思考。借由本书，我们希望传达的信息是，教学背后的思考能给我们的决策带来最佳推动力。

还有其他动机需要纳入考量，并且在大多数情况下，这些动机会影响我们的决策。理解教师动机的内涵，反过来可以引导我们在教育行业保持最佳状态，并为长期高质量的教学创造潜力。

教师动机

提到从教动机，人们往往会想到驱使人们将教育作为职业追求的外在动机（如工作稳定、薪酬体面、有寒暑假或节假日）。这也往往是部分公众对教育系统不满的原因。人们认为教师做了什么与教师实际上做了什么之间存在着误解，且缺乏清晰度，这导致人们对教师从教的动机产生了错误的理解。瓦特和理查森（2007）在多个情境中考察了教师动机的概念。虽然这两位作者的研究都是基于澳大利亚的教学，但他们创建的教师选择影响因素（FIT-Choice）模型已被用于全球范围内教师动机的研究（见图1.4）。该模型的开发是为了“评估教师教学的主要动机”（瓦特、理查森和史密斯，2017）。过去，教师动机研究依赖于地方创建的问卷和量表，而创建该模型就是为了提供标准化的研究方法。换言之，我们过去没有一种通用的方法来研究为何有人选择从教，而另一些人没有。无法比较、总结

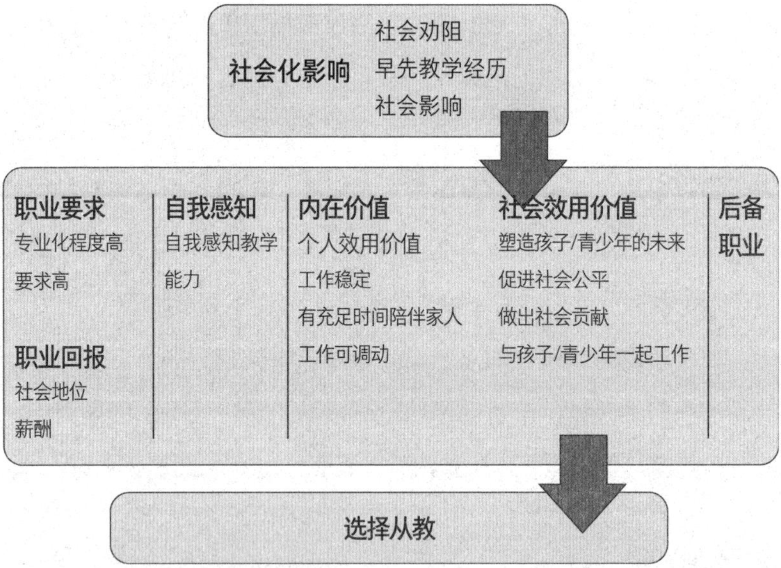

图1.4　理解教师动机的一种途径

资料来源：Watt, H. M. G., Richardson, P. W., & Smith, K.（2017）. Why teach? How teachers' motivations matter around the world. In H. M. G. Watt, P. W. Richardson & K. Smith (Eds.), *Global perspectives on teacher motivation* (p.1–21). Cambridge: Cambridge University Press.

或概括教师动机的研究结果会带来问题。理解教师动机很重要，正如我们对学生学习动机（例如自主性、有效性、连通性等）的认识有助于我们设计和实施学习体验，以提高学生学习效果一样——如果我们对教师动机的理解更加透彻，就更有可能帮助当前和未来的教师提升教学效果。

选择影响因素模型为教师个人从教动机提供了一种共同语言，现已在全球范围内得到应用。

当考察关键要素（即社会化和内在价值）时，该模型评估了可能激励或阻止教师从教的因素。正是通过该模型，瓦特等人（2017）对教师动机进行了一项全球性分析。让我们深入分析该模型，看看它是如何影响我们的最终决策的。

对文斯和约翰·阿尔马罗德来说，最初的影响因素来自社会化——他们早先的教学经验以及一位大学教授和一位六年级科学教师带来的影响。据此，瓦特等人（2017）发现，“选择从教的人受到了社会期望和文化期望中各因素间复杂交互作用的驱动。但似乎在总体上都抱有一种愿望，即从事有意义的工作，从而为实现更美好、更公平的社会做出贡献”。读到这里，一些人可能会大吃一惊，尤其是考虑到人们常常指责教师是出于外在原因（例如“暑假休息”）而选择从教。没错，瓦斯奎兹老师、梅耶老师、布思老师和克罗斯老师等，很可能是受到内在的、无私的理由的激励，才选择进入教育行业。在图1.4中，我们在“社会效用价值”类别下看到了这一点。特别是对于布思老师来说，以积极和支持性的方式与中学生相处，是他的一项个人责任。这么做最终将为他所在的社区做出社会性贡献，并且如果做得好，还能促进社会公平。许多教师觉得自己对学生的成功以及自己的教学水平负有责任。如果你需要直接的和有形的证据来证明该动机，问问自己，你每年花费多少自己的钱在帮助学生和购置教学用品上？或者，如果不从金钱角度衡量，那么你在传统教学时间之外，花了多少时间来规划、指导和评估学生学习？

这些行为并非特例。事实上，这些行为非常常见，并且在很大程度上与驱使教师感到自己对学生（通常被教师称为“我的孩子”）负有个人责任的内在动机有关。劳尔曼、卡拉贝尼克、卡彭特和库西宁（2017）的研究支持了这一观点，他们在分析教师动机和教师效能时使用了教师选择影响因素模型。在他们的研究中，他们“确认了教学的内在动机和社会动机之间的正相关”，以及“职业奉献的3个指标（个人时间投入、职业发展兴趣和对教育事业的奉献）”。巴特勒（2017）在检视全球教师动机后强调了以下结论：

> 平均而言，拥有不同的社会背景，即来自不同国家和不同教育背景的教师，对教学的看法是相似的。并且他们选择从教的原因也相差无几——就动机而言，是非常积极的。

大多数教师选择进入教育行业，是因为他们可以对学生学习产生影响。

动机和实施

莱斯利·布莱尔（Leslie Blair）老师从教20余年，认为教书育人是人生中最美好的事情。她经常谈到她把学生当作自己的孩子，并且喜欢在教室里与学生打交道，所以并不觉得教书是件苦差事。她是河滨中学最受欢迎的老师之一，因为她总能为学生们带来纯粹的快乐（不仅仅因为她总是面带微笑）。布莱尔老师积极寻求策略和资源，以提升教学技能。她常常阅读教育学专业图书、参加教师专业发展研讨会，并经常与年轻教师探讨教学策略。布莱尔老师是一位完美的专业教师。学校管理者常常选中她，让她根据在教学实践中学到并运用的策略，带领其他教师获得专业发展。布莱尔老师热衷于与所有教职工分享自己的所学所想，并且一次又一次地证明，教龄再高、资历再深也要继续学习，并持续评估自己的教学实践。每每被问及为何不打算缓缓，她都会给出同一个回答："要想成为学生最好的老师，首先我自己需要成为一个学生！"

走廊另一侧的夏普（Sharp）老师已从教4年，他于一年前来到河滨中学任教。夏普老师兢兢业业，热爱教育事业，也热爱学生，但经常想放弃教师一职。如果你上过夏普老师的课，就可以看出他很喜欢与学生相处。他的课常常引人入胜，教学内容也符合课程要求。学生们很喜欢夏普老师。他和蔼可亲、聪明过人，愿意在多个层面上与学生互动。他悉心倾听学生、对学生关怀备至并谆谆教导。学生们常称赞说，无论是作为老师还是朋友，夏普老师都能与他们打成一片。尽管夏普老师受到了学生的喜爱与认同，但他正在考虑辞去教师一职，寻找其他工作机会。问及原因，夏普老师说他很喜欢教书育人，但不太喜欢其他教职工作（开会、教师职业发展、评分和做规划）。他承认自己很讨厌教师职业发展，不明白为什么还要继续学习。他认为自己当下的教学实践对学生们来说已经足够了，并表示学生们也在学习进步中。值得注意的是，夏普老师从教至今从未改变教学策略。他提到，从教第一年，他应用了教师职前培训中学到的所有知识，并让所有教学内容回归课本。他甚至提到，既然自己的教学行之有效，那为何要尝试一些可能适得其反的新方法呢？

夏普老师现在所做的工作只能够让他勉强维持现状，他不想学习新东西，也不想继续从教。

根据两人的决策和思维方式，河滨中学的布莱尔老师可被归类为专家型教师，而夏普老师只能算是新手型教师。再强调一遍，这是基于两人对教学的思维方式不同，而非两人资历的深浅。一个常见的误解是，教学经验最丰富的教师才称得上专家型教师。事实并非总是如此，因为在许多情况下，我们可以看到经验丰富的教师抱着“够用就行”的心态，这会导致他们的教学实践停滞不前，对学生学习带来的影响也会减少。他们不愿去学习怎么提升教学效果。不是说所有资历深的老师都抱有这种心态，我们只是想明确，经验丰富不等于专业娴熟。布莱尔老师不但经验丰富，且专业十分娴熟。其原因在于，布莱尔老师通过深思熟虑的决策，来评估自己对学生学习带来的影响，且与时俱进，能掌握有价值的教学策略，以此提升学生学习。这来源于她对自己教师身份的看法，由其选择从教的动机所驱动。那么，应该做些什么来影响教师的信念或思维方式，从而激发其教学动机呢？

实现卓越教学的共同语言

我们可以看到两位老师在同一所学校任教，教授同一科目，但教学动机截然不同，这十分令人震惊。我们可以假设，布莱尔老师的内在动机更强烈，因为她似乎全心全意想成为学生心中最好的老师。同样重要的是，尽管夏普老师打算离开教师行业，但他在学校里受人尊敬，学生们也都很喜欢他。两位老师身上值得我们注意的是，动机会深刻影响思维方式，思维方式转而又会影响决策。然而，我们希望所有老师都能最大限度地提升每一位学生的学习。因此，我们不能只关注布莱尔老师，并祝愿夏普老师在下一份工作中顺水顺风。然而，我们也不能忽视布莱尔老师，并用教学指导、教师职业发展和无休止的教学改进计划来压得夏普老师喘不过气。我们需要找到共同改变现状的方法。要想最大限度地提升学生学习，就要将多位教师的效能或者其对成功的期望整合起来。这种方法让我们认识到，集体的努力将极大地提升学生学习，并且我们必须努力培养和促进这种集体的努力。

教师集体效能是一种信念，即教师团结合作，利用他们的集体能力促进在校学生取得成功。其平均效应量为1.39（哈蒂和齐勒，2019）——比起拥有明确的学习计划、学生参与度、形成性评估和反馈，这种特殊的影响因素在加速学生学习方面具有更大的潜力。教师集体效能的效应量高于社会经济地位、移民地位和性别的效应量。尽管上述影响因素都举足轻重、不容忽视，但教师的集体信念拥有如此惊人的潜力——这种说法意味着，我们可以在通过设计实现卓越教学时“不让任何教师掉队”（如果你能接受这个短语的话）。坦率地说，我们决不能碰运气，而是通过精心设计，让布莱尔老师和夏普老师成为伟大的教师。我们需要布思老师、坎贝尔老师、奥尼尔老师和所有其他教师通过精心设计实现卓越教学。

为了实现这一集体目标，必须确保每一位教师，包括我们的同事和我们自己，拥有教学上的共同语言。有些教师对自己身份的看法不同于布莱尔老师，所以如果我们想要影响他们的动机，就必须使用共同语言，这样彼此之间才能交流想法；有些教师尚未拥有与提升学生学习相关的思维框架，所以如果我们想要影响他们的思维，同样需要使用共同语言，与他们交流如何做决策；最后，如果我们想要将最有效的教学方法的相关知识转化为有效的实施、潜能的实现以及合理的决策，依旧需要一种共同语言。这正是DIIE模型要做的！

现在，让我们开始深入了解模型的每个部分，以及如何实施并评估最行之有效的教学方法。

第二章

诊断和发现学生状态及其未实现潜能

DIAGNOSIS AND DISCOVERY

“

当某个特定的学习体验结束时，我们需要确定学生当下所处的学习阶段与我们希望他们达到的目标之间的差距。

”

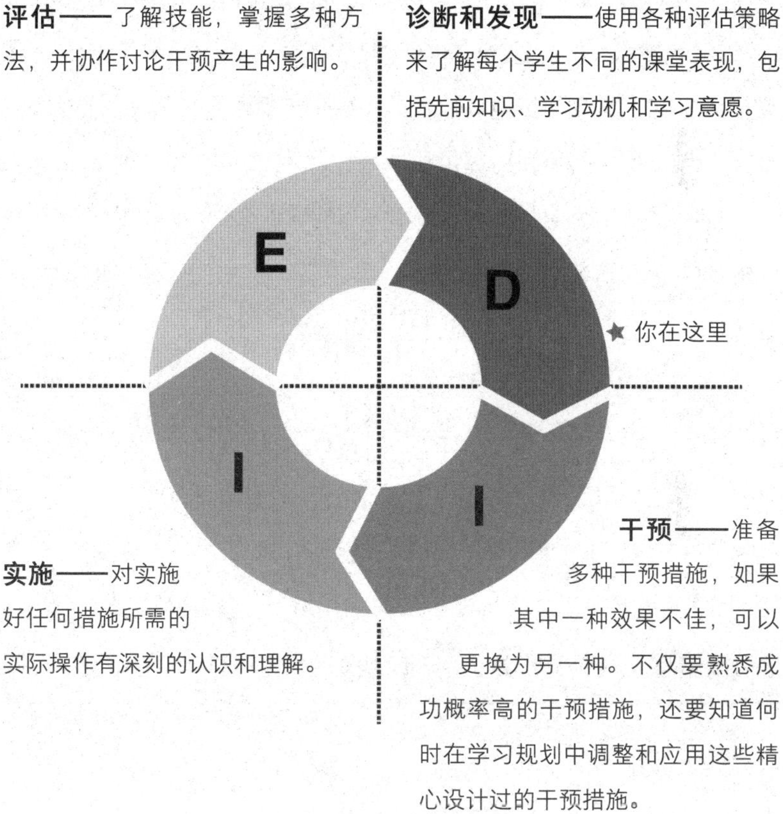

图2.1　DIIE模型

想要了解何种干预措施或教学方法最能确保学习质量，教师需要将每位学生所处的学习阶段了然于心。此外，要了解如何改变干预措施或教学方法，教师需要知悉学生的实际情况，包括学生在学习环境中展现出的学习倾向、个性特征和学习经历。这需要的是诊断。因此，本章的主要思想是，要想成功地将意图转变为实施，并对学生学习产生影响，教师需要了解他们的学生以及这些学生所处的学习阶段。

在黛安·亨利（Diane Henry）老师的数学课上，我们可以看到DIIE模型的这一部分正在发挥作用。“在我开始一个新的数学主题或单元之前，我会给二年级学生提出一个与新学习内容有关的问题。今天的问题是，如何利用重组法做两位数减法。”教室传来嗡嗡讨论声。亨利老师的学生正忙于通过这一问题来预估他们在重组法和减法方面的学习情况或先备知识。当学生基于这一问题思考时，她观察他们的对话、行为以及彼此之间的互动。

“我不仅仅是在观察他们对位值和减法的理解，尽管这非常重要。我正在倾听他们如何使用数学语言，如何选择解决问题的方式和操作方法，以及如何与同伴一起参与一项具有挑战性的任务。他们是否有动力解决棘手的问题？他们能在这些艰难的情形下合作吗？”亨利老师不仅考虑到学生掌握的课本知识，还研究学生在行为和社会情感领域中展现出来的学习倾向、个性特征和学习经历。

在针对当前课本内容或学习技能选择最佳干预措施时，我们并不能仅从“什么”（即位值、两位数减法、重组法等）开始。我们还需要了解“谁”（即学生的学习倾向、个性特征和学习机会）。这就需要我们深入了解DIIE模型中“诊断”的含义，这也是我们即将阐述的。但是，在此之前，我们要先对这个术语作一些解释。

许多人在使用“诊断”这个词时有些退缩。在对这个模型进行初步探索时，我们亦是如此。当涉及疾病和基于某些潜在病理症状的身体不适时，“诊断”一词具有负面含义。这是令人遗憾的。当我们研究“诊断”这个词的起源和含义时，发现一个更加强有力的含义，它使得“诊断”恰好成为我们所需要的、在学习环境中引导我们做出决策的正确术语。我们中的一些人（来自作者团队）喜欢研究单词的起源，在这种情况下，研究这个单词的起源为我们的讨论提供了更好的背景支撑。

在针对当前课本内容或学习技能选择最佳干预措施时，我们并不能仅从“什么”（即位值、两位数减法、重组法等）开始。我们还需要了解“谁”（即学生的学习倾向、个性特征和学习机会）。

“诊断”（diagnosis）一词源于希腊语词干“dia”和“gignoskein”的结合。希腊语词干“dia”意为“在……之间”，而“gignoskein”意为“学习”或“了解”。将这两个词干组合在一起就得到了希腊语“diagignoskein”，由此得出英文单词“diagnosis”。当我们关注“诊断”的词根含义时，可以得出一种更为强有力的定义，即敏锐的、有辨别力的，或是能彻底/分别了解的（贝克斯，2010）。这正是我们在DIIE模型中使用“诊断”一词时所表达的意思。它没有涉及任何病理学或与认定学生生病了/身体不适相关的东西。相反，它要求我们对学生了解透彻，并发现他们当下所处的学习阶段——包括学术、行为和社会情感方面。如图2.2所示，当某个特定的学习体验结束时，我们需要确定学生当下所处的学习阶段与我们希望他们达到的目标之间的差距。缩小这两者之间的差距是我们作为教师的主要目标。

图2.2　诊断和发现差距

该图片由萨米·瓦斯克斯（Sammie Vasquez）提供。

当某个特定的学习体验结束时，我们需要确定学生当下所处的学习阶段与我们希望他们达到的目标之间的差距。

学习背后的“谁”

确定学生所处学习阶段的一个关键因素，是确定学生所在的学习环境。要想确定学习环境，教师还应明确，谁和学生一起学习？（巴斯塔曼特和阿尔马罗德，2020）。为了解答这一问题，教师需要花时间思考学生在学校和在家里时的学习环境，包括物理环境、社会环境和情感环境。学生有一个专注学习的地方吗？学习环境中还有谁和他们在一起？他们是否感到焦虑、不自信或身体抱恙？每一个问题的答案都给学习方案引入了额外变量——为了让学生学会分数乘法、了解细胞繁殖、理解作者意图和分析历史文献，教师绝不能忽视这些变量。学习背后的"谁"尤其重要。清晰地了解学生，将最终决定教师对学生产生的影响。

换言之，学生当下的学习倾向、个性特征和学习机会，和他们的学习期望之间有多大的差距？教师的干预措施和实施方案，必须缩小学生已经了解和做到的事情，与他们应该知道和有能力做到的事情之间的差距。使用各种评估策略来了解每位学生不同的课堂表现，包括先备知识、学习动机和学习意愿，可以让教师就下一步的教学走向做出有效且高效的决策。

使用各种评估策略来了解每位学生不同的课堂表现，包括先备知识、学习动机和学习意愿，可以让教师就下一步的教学走向做出有效且高效的决策。

下面是我们通过DIIE模型的这一部分提升教学的具体路径。为了诊断和发现学生当下的学习倾向、个性特征和学习机会，教师必须做到：

1. 分析学习期望（例如，根据不同国家或地方标准），以了解学生在既定的年级或学习内容范围内必须知道、理解和能够做什么。

2. 设计并实施初始评估，以诊断和发现学生在课程知识、学习技能和理解情况上与目标之间的差距。
3. 利用专业的教师关注法来观察学生对这些初始评估的反应，并理解所获得的信息（见图2.3）。

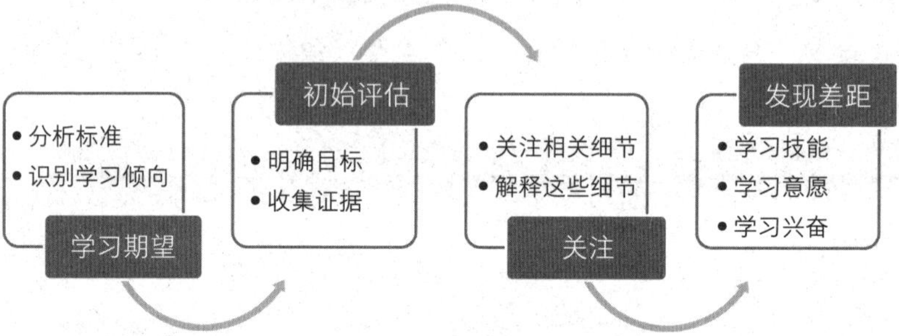

图2.3　诊断和发现的重要组成部分

将学习标准作为起点

大多数教师的教学方向是由学习标准驱动的。不论是遵从国家设定的课程标准还是特定州或省设定的标准，这些官方文件都为学生设立了他们在特定学年需要达到的学习期望。例如，在美国，各州对每个学科采用不同的教学标准。在加拿大，各省的教学标准都是独一无二的，而澳大利亚和新西兰则采用统一的国家标准。尽管课程标准因教学地点而异，但我们所有人都必须要先分析课程标准，确定每个标准下的概念和技能。让我们回到亨利老师的课堂，了解她是如何清晰地了解学生的学习动向的。

在二年级的数学课程中，亨利老师选用了DIIE模型，首先查看本单元关于和与差的课程标准。

学生将：

a) 估算和与差

b) 使用各种方法确定总和与差额

c) 设计并解答涉及加减法的一步和两步应用题

资料来源：Virginia Department of Education.(2016).*Mathematics standards of learning*. Virginia Department of Education: Richmond, VA.

除了解本单元的核心标准外，亨利老师还要花时间分析课程框架以及与核心标准相关的其他支持文件。针对这一特定的课程标准，州教育部明确了基本学习技能和学习内容。

亨利老师带领的年级小组首先确定课程标准和支持文件中包含的教学概念。这些概念通常是以名词或名词短语的形式出现的，表明了学生需要掌握的知识、想法和术语（示例见表2.1、表2.2和表2.3）。此外，他们还要识别课程标准中的动词或动词短语来确定在本次学习中需要拥有的技能。学习结束时，学生将会达成什么目标？这应包括与特定学科相关的学习过程和实践经验（例如，科学和工程实践、社会研究和读写技能，以及大学/职业准备技能）。

学生将利用问题解决、数学交流、数学推理、数学联结和数学表征能力来：

- 估算两个总和≤99的整数相加是多少，并确认估算结果是否合理（例如，27+41≈70，因为27约为30，41约为40，30+40=70）。

参考课程标准中的a)。

• 估算两个≤99的整数之差，并确认估算结果是否合理。参考课程标准中的a)。

• 使用多种方法确定两个总和≤99的整数相加是多少。参考课程标准中的b)。

• 使用多种方法确定两个≤99的整数之差。参考课程标准中的b)。

• 设计并解答涉及加法或减法的一步应用题。参考课程标准中的c)。

• 设计并解答涉及加法或减法，或同时涉及加减法的两步应用题。参考课程标准中的c)。

资料来源：Virginia Department of Education. (2016). *Mathematics standards of learning*. Virginia Department of Education: Richmond, VA。

当教学分析进入末尾时，亨利老师及其同事对学生的期望有了一个清晰的图景。他们知道在和与差的课程内容中，学生应该知道、理解和能够做什么。不过，这一过程的最后一个方面涉及学习倾向。

表2.1　分析概念和技能的标准

概念（名词）	技能（动词）	数学实践练习
和	估算	问题解决
差	确定	数学推理
方式（方法）	创造	数学交流
整数	解决	数学联结
估算（合理的）		数学表征（建模）
加法		
减法		
应用题		

在威廉·佩里小学，老师们在前一年夏天花时间培养了学生的预期学习倾向。换言之，整个学校都采用了一个共同的定义，即在威廉·佩里小学成为一个“优秀的学生”意味着什么。这些倾向特征包括合作、毅力和尊重。因此，亨利老师和她的同事须分析这些倾向在该单元中的位置，以及他们期望二年级学生对这些倾向的培养程度。此外，上述倾向特征不仅仅适用于实体教室学习环境。它们也可以并且理应成为远程学习环境的一部分。在与同学一起学习、坚持学习以及尊重学校和学习社区的所有成员方面，我们的期望是什么？

在继续之前，我们先简单看看来自加拿大和英国的两个例子。

表2.2　分析概念和技能的标准

概念（名词）	技能（动词）	思想维度
全球化	探索	批判性思维
文化	接受	创造性思维
语言	欣赏	历史思维
身份		地理思维
传统		
宗教		
灵性		
艺术		
服饰		
与土地的关系		
意识形态信仰		
角色楷模		

总体成果

学生们将探索全球化对其生活的影响。

具体成果

价值观和态度

学生将：

1.1 承认并理解全球化的世界中存在多元视角。

1.2 理解为什么加拿大各民族和其他当地人努力在全球化的世界中宣扬其文化、语言及身份。

1.3 理解身份和文化如何塑造全球化，又如何被全球化塑造。

知识和理解

学生将：

1.4 探索个人和集体表达身份的方式（传统、语言、宗教、灵性、艺术、服饰、与土地的关系、意识形态信仰以及角色楷模）。

资料来源：Alberta Learning. (2007). Social Studies 10–1 [Program of Studies]. Edmonton, Canada: Alberta Learning.

阶段4 阅读

应通过以下方式教学：

- **阅读并欣赏英国文学遗产的深度和力量**
  - 广泛阅读高质量、具有挑战性的经典文学，以及延伸的非虚构类文学文本，如散文、评论和新闻。文本应完整，其范围包括：

    - 至少一部莎士比亚戏剧
    - 19世纪、20世纪和21世纪的作品
    - 自1789年以来的诗歌，包括具有代表性的浪漫主义诗歌
  - ○ 重读文学作品和其他作品，作为比较的基础
  - ○ 出于挑战、兴趣和享受而自主挑选和阅读图书
- **理解并批判性地评价作品**
  - ○ 根据不同目的，以不同方式阅读，总结并整合文本中的思想和信息，并评估其就特定目的而言的有效性
  - ○ 根据文本的创作目的、受众、创作背景（包括其社会、历史和文化背景）及其所属的文学传统进行评估
  - ○ 识别并诠释文本的主题、观点和信息
  - ○ 探索情节、人物塑造、事件和相关设置，以及它们之间的关系及其影响
  - ○ 在文本中寻找证据以支持某个观点，包括用证据来证明推论的合理性
- **区分有证据支持和没有证据支持的陈述，并识别偏见和证据误用**
  - ○ 分析作者对词汇、形式、语法和结构特征的选择，并评估其有效性和影响
  - ○ 参考文本的背景、主题、特点、风格和文学质量，进行批判性比较，并从更广泛的阅读中汲取知识和技能

● **对文本做出可靠反馈，同时认识到可能会出现针对该文本的其他反馈，并对其进行评估**

资料来源：Department for Education. (2014) The national curriculum in England: Complete framework for key stages 1 to 4. Available at: https://www.gov.uk/government/publications/national-curriculum-in-england-framework-for-key- stages-1-to-4 (Accessed July, 21, 2020).

表2.3 分析概念和技能的标准

概念（名词）	技能（动词）	读写技能
文学遗产	总结	推断
内容（社会、历史和文化）	整合	参考文中证据
文学传统	识别	了解目的
主题	诠释	理解领悟
情节	探索	批判式阅读
特征	寻找（证据）	积累词汇
特点（语法和结构）	区分	
文学质量	分析	
莎士比亚	做比较	
文学		

最后，这些老师对图2.2中悬崖的右端做出定义。他们现在知道学生要向哪里前进。但是，诊断和发现背后的整体意图是，在特定的学习体验结束时，确定学生所处的学习阶段与我们心中的预期目标之间的差距。要做到这一点，我们必须分析课程标准并设计关于实现两个目标的初始评估：

1. 学生已经知道、理解并能够做哪些与本标准中的特定概念、技能、实践和设置相关的事情?
2. 学生记住了并且能够在脑内检索哪些相关的先备知识(例如，整数、估算和表达)?

对课程标准的分析和对我们前进方向的了解，为我们回顾和展望学生所处的学习阶段打好了基础。

初始评估

当我们致力于发现学生在学习环境以及个人学习体验或任务参与中展示出来的学习状态时，必须考虑学生的个人背景、先备知识、学习技能和(对学习内容的)理解情况。

克劳斯(Clouse)老师是中西部的一名英语教师，她分享道："在清楚地了解每位学生所处的学习阶段之前，我无法推进任何教学活动。对于教授高一英语来说，我不仅需要掌握学生对内容的了解程度，还需要知道他们的阅读和写作技能水平。他们可以整天和我谈论各种定义，但如果他们的阅读理解能力和写作能力之间存在差距，或许会不利于我们激发他们的潜力。我总是担心自己会错过任何一个学习机会，从而阻碍未来的进步。"克劳斯老师谈论的是将预评估或初始评估纳入我们对学生的诊断和发现这一过程所提供的证据。据估计，学生已经了解60%我们期望他们学习的内容(纳托尔，2007)。无论是在时间上，还是在了解学生的知识掌握情况上，初始评估对教师来说都至关重要。

初始评估的目的是让我们收集有关学生，以及他们的背景知识和先备知识的证据。霍克特和杜贝特（2014）将初始评估解释为“在开始新课程或新单元之前收集有关学生的准备程度、学习兴趣或学习概况的证据，然后使用这些证据来规划满足学生需求的教学”。

我们使用这一策略本质上是为了发现学生当下所处的学习阶段，而这些信息可以引导后续阶段的学习。这些证据也可以提醒我们，哪些知识或许不再需要详细的讲解了，因为学生已经熟知这些内容或精通这些技能。需要明确的是，这并不意味着我们不必再进行检查来了解学生，以及监控他们的学习进度来确保他们记住了学习内容。

初始评估的目的是让我们收集有关学生，以及他们的背景知识和先备知识的证据。

克劳斯老师回想起有一次，她没有对学生进行初始评估，从而浪费了宝贵的教学时间。“想象一下，在比喻句学习的单元，我花了整整一周的时间教授不同类型的比喻句，结果发现他们之所以掌握比喻相关知识，并能够熟练应用，其实是因为他们早已理解明喻、隐喻、夸张和拟人化等内容。此外，由于我没有课前评估学生对于象征性表述的掌握程度，而其难度超出了学习计划和成功标准的范围，他们对威廉·戈尔丁（William Golding）的《蝇王》（*Lord of the Flies*）进行文学分析时遭遇了重重困难和挑战。我对他们遭遇了什么难题一无所知，因为我没有询问他们。”

在教授新内容或技能之前进行初始评估，有

助于我们诊断和发现学生已经了解什么，以及他们可以做什么。这帮助我们在学生的后续学习方向上做出更好的决定。古斯基和麦克泰（2016）讨论了学生将先备知识带入学习情境的重要性——这对学习新内容至关重要。他们指出，“如果新的学习建立在先备知识的基础上，那么理所应当的是，教师需要了解学生就新的主题或概念知道什么，或认为自己知道什么”。

初始评估不应被视作“预测试”——将二者对等的理解通常是错误的，会导致我们对初始评估这一高影响力的策略产生误用，并限制评估得到的证据所带来的价值。我们之所以需要区分初始评估和预测试，一个主要的原因在于评估目的。初始评估用于确定学生已了解的和未了解的内容，不过，当我们在具体的干预措施方面做出决策，以帮助学生向学习目标靠拢时，它也是有必要的。表2.4阐述了一些不同类型的初始评估。

表2.4　确定学生已了解和未了解内容的多种方法示例

课前小测
思考-分组-共享
书写提纲
锚点问题
阅读反馈
迷你研究所
开放式问题
课堂讨论
学生自拟问题
概念或思维导图

虽然教师在单元学习结束时常常会进行预测试的后续测试，以此获得学生进步的数据，但这种测试方式会增加探索过程中的复杂性，尤其是当这些评估与成绩挂钩时。有一种快速而激烈的方法可以破坏鼓励犯错和失误的环境，那就是给它打分。古斯基（2018）强调了预测试和后续测试潜在的复杂性："当老师根据学生从预测试到后续测试之间取得的进步来确定学生的成绩时，学生就会发现，预测试成绩不佳会加大他们在后续测试中表现出进步并取得更高成绩的机会。"因此，如果初始评估的目的是确定学生在课堂上的学习倾向、个性特征和学习机会，那么初始评估一定不能是测试。

初始评估的制定

在制定能够帮助教育工作者进行诊断和发现的初步评估时，需要考虑一些指导方针。

遵循这些指导方针可以确保学生不会气馁和受误导。古斯基和麦克泰的研究（2016）为我们提供了初始评估的制定指南。它们是：

1. 阐明初始评估的目标。这一目标应直接源于学习计划和成功标准，且学习计划和成功标准应直接带来初始评估。学生在上课前已经知道、理解了哪些内容？他们能够做什么？
2. 确定如何利用得出的信息。当对学生进行初始评估时，这些信息将用来做什么？这些证据将在下一次的教学决策中起到何种作用？如果我们按照原计划开展教学（例如，按照分步教案），那么初始评估就是浪费时间。
3. 明智而有效地使用初始评估。设计初始评估，以便为教师和学生提供快速且易于获取的证据。如果初始评估不能立即指导下一步教学活动，我们就应该重新考虑。

明确初始评估的目标可以帮助学生了解评估背后的逻辑或“为什么”。李老师是一名高中社会研究教师，他耗费了大量精力，以确保学生理解初始评估背后的“为什么”。“一旦我的学生参与了某项任务，比如说，对最高法院的某项裁决做出反馈，我们就会制定一份‘需要了解的事情’清单来汇报任务，这将有助于我们更好地对法院的裁决做出反馈。”李老师通过建立评估性思维模型，强调了初始评估的目标，然后利用得出的信息协作设计指导性或驱动性问题，以供学生进行司法审查的后续学习。当我们考虑初始评估背后的原因时，与学生合作可以就“不知道”带来的价值建立模型。李老师强调了犯错的重要性，帮助学生认识到他们下一步的学习方向，并为他们提供监督自己学习进度的方法。李老师经常通过这样的方式感谢学生：“我告诉他们，这项评估有助于我更好地理解他们的想法，并承诺作为他们的老师，我会通过自己所能提供的最大帮助，来改变我们的教学计划。”李老师知道在让学生参与任务之前，如何利用好从初始评估中收集的信息。

我们应该审慎且有效地利用初始评估。当教学成果无法预测，且练习可以给学生带来明显益处时，我们需要采用初始评估（古斯基和麦克泰，2016）。如果初始评估是根据学习计划和成功标准创建的，那么我们就可以真正采用具有影响力的初始评估。初始评估提供的信息有助于我们掌握学生的学习技能、学习意愿和学习兴奋。

教师关注

金（Kim）老师在实验室为学生准备了几种不同重量的弹球、塑料可塑轨道和其他教学用品（如量角器、尺子、计算器和绘图纸）。他先吸引学生的注意，然后介绍手头的学习任务，“在接下来的几天里，我们将学习抛体运动中不同变量之间的关系。你们的任务是尽可能少地或尽可能多地使用实验室工作台上的可用用品”。金老师设计并使用了这个迷你实验室，作为对平面运动或抛体运动的初始评估。然而，一些人可能很难理解把这项任务作为初始评估的理由。我们可以注意到这一点，并在权衡这种评估方式与更为传统的纸笔评估时，询问金老师是如何通过这种方式获得学生已知和未知的信息的。在这种情况下，似乎课前小测、多项选择题或纸笔习题集可以进行更好的初始评估，对吧？问题的答案与金老师在这项任务中关注的内容有关。

教师关注是指教师积极主动地关注在特定学习任务或活动中发生的事情，并对它们加以解释。对于金老师来说，他的“教师关注”要求他关注学生在迷你实验室中的行为，然后必须根据学生的学习目标来解释这些行为。从教师关注的角度来看，“这个迷你实验室如何提供金老师所需的信息”实际上是错误的提问方式。相反，我们应该向金老师和自己提出以下问题（改编自谢林、雅各布斯和菲利普，2011）：

- 当学生参与学习任务时，我们关注了什么？
- 关于学生的学习倾向、个性特征和学习机会，该迷你实验室告知了我们哪些？

从亨利老师到金老师，我们可以看出，分析课程标准，设计和实施初始评估，然后让学生参与这些评估，并不是一个终点。初始评估的好坏取决于它收集的关于学生先备知识、学习动机和学习意愿的证据。此外，只有当我们注意到什么是推动学习所需的时，这些证据才是有价值的。那些更擅长实施教师关注——通常是指专业的教师关注的人，能够更快地识别出需要进行干预的教学情况，以及意识到何时需要引入新的教学方法，从而更好地将学生的兴趣和动机融入教学，在整个学习过程中对学习内容进行分块和节奏调整，并确认学生何时真正掌握了知识（舍恩菲尔德，2011）。事实上，舍恩菲尔德（2011）建议，擅长实施专业的教师关注的老师，可以将更多的时间投入诊断教学中，而不是行为管理。那么，亨利老师和金老师关注了什么，从而真正了解到学生的先备知识、学习动机和学习意愿呢？是什么让他们得以实施诊断式教学？

要进行诊断式教学，我们必须对学生预期学习的内容和技能有着充分的了解。除了分析课程标准之外，我们还必须掌握必要的知识，以了解在和与差、平面运动和全球化等课程内容上达到熟练和精通的具体表现。这要求作为教师的我们在与学习新内容相关的特定领域内利用自己已经掌握的知识。关于新的学习内容，我们还须站在学生的视角，找出他们最有可能通过何种方式掌握这些内容（鲍尔和巴斯，2009）。图2.4有助于理解上述关系。

对亨利老师来说，这意味着她不仅需要预测，还需要识别出学生何时只是简单地重新排列数字，而没有使用重组法。如果学生说43 - 27=24，这意味着他/她只是调换了3和7的位置，确保做到大数减小数；金老师也需要意识到，学生可能没有发现，投掷钢质弹球和使用塑料斜坡之间存在着一种联系——二者都是抛体运动。教师关注和诊断式教学要求老师将自身掌握的知识与学生新手式的学习方法相结合，发现学生当前的理解水平。

图2.4　教师关注的两个组成部分

为了更充分地利用课程标准和初始评估，我们必须将评估性思维和教学反思引入教师关注。教师关注要求我们对关注的内容有选择性，并有目的地忽略一部分。这意味着我们必须在面对面教学或远程教学中把握住任何学习经验，明晰我们要了解学生哪方面内容，从而不因为与评估学生知道、理解和能够做什么没有直接关联的事情而分心。例如，如果学生通过合作来识别文本中人物的性格特征，然后用文本中的相关证据来证明他们思考的正确性，那么关注学生是坐在座位上还是站着，将不利于我们就他们对人物性格特征的了解或使用来自文本证据的技能开展诊断式教学。同样，我们不可能处理每个学生在某个学习任务或活动中发生的所有事情。对于一个拥有30名学生的班级，我们要进行快速审视，有意地从标准中提取出基本知识、技能和理解力。快速审视还应设法识别学生何时表现出对概念的透彻理解。发现学生成功掌握知识与发现他们和学习目标之间存在的差距同样重要。

亨利老师和金老师都证明他们做到了：

1. 仔细思考对学生的期望，以及在自己的预期中学生将知道、理解和能够做到的具体内容。
2. 制定一项初始评估，通过该评估得出多个证据来源。
3. 利用自己在这些领域掌握的知识，仔细观察学生产生的想法。
4. 建立对这种示范思维的持续认识，以更好地理解学生所处的学习阶段。

通过选择特定的初始评估来收集这些证据，亨利老师和金老师为他们的学生提供了很多机会，使学生不仅展示了他们在内容上所学到的知识，还展示了他们的学习倾向。总体上说，初始评估帮助我们将所有证据整合到一起，结合行为和社会情感因素，诊断和发现差距的存在以及差距的性质。如果我们关注的是学生学习倾向的某些方面，那么差距可能与知识或技能无关，而是与学习动机有关；如果我们关注的是学生学习技能组合的各个方面，那么差距可能与动机或知识无关，而是需要学生刻意练习特定的技能；最后，如果我们关注的是学生掌握的知识基础的各个方面，那么差距可能与技能或动机无关。

这种差距代表了学生的学习技能、学习意愿和学习兴奋。哈蒂和多诺霍（2016）认为：

学习技能、学习意愿和学习兴奋在学习过程中会相互交织，对这三方面的投入也是学习的重要成果——目标是增强学习意愿（例如，愿意再次投入时间进行更多和更深入的学习）、学习兴奋（例如，与成功学习相关的情绪、探索未知事物的好奇心和意愿）和学习技能（例如，掌握内容和更高水平的理解能力）。

诊断和发现学校和学习环境中的学习主体，是缩小设计与执行、意图和实施潜力之间差距的第一部分。在这一部分开始时，任务似乎十分艰巨。但希望我们已在本章中将诊断和发现拆分为以下几个基本要素：

1. 分析国家和地方课程标准，了解对学生必须知道、理解和能够做到的具体内容的预期。
2. 设计并实施初始评估，诊断和发现学生在课本知识、学习技能和理解情况方面与目标之间的差距。
3. 利用专业的教师关注来处理学生对这些初始评估的反馈，并理解这些信息。

一旦我们有证据表明学生目前处于何种学习阶段，我们的目的——我们的目标、个人技能、学习意愿和学习兴奋——就是在采用何种干预措施来增强学生的意愿、渴望和技能方面做出决策。

第三章

识别、选择提升学生学习的最佳干预措施

INTERVENTION

“

根据诊断和发现阶段确定合适的干预措施或教学活动。

”

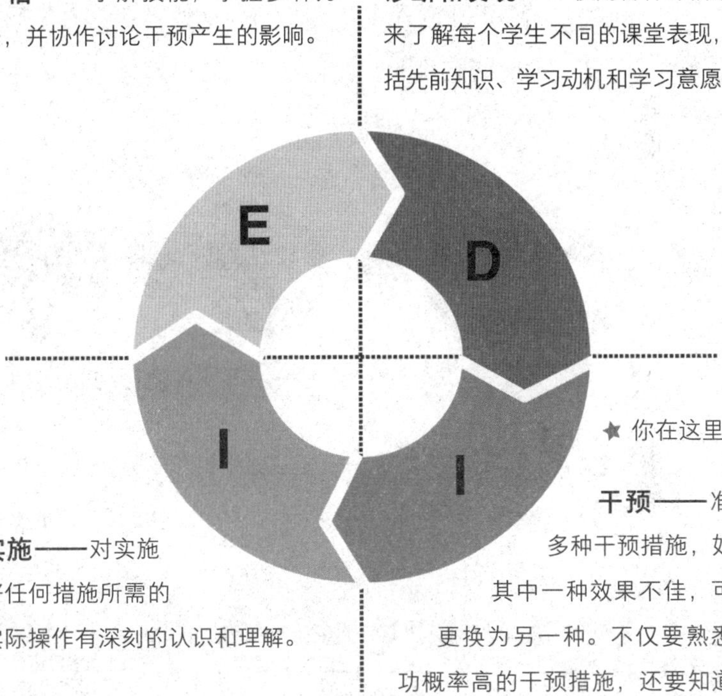

图3.1　DIIE模型

干预阶段需要识别并选择正确的、高成功率的工具来推进学生学习。这样做可以保证学生获得并巩固学科知识、相关技能和对所学内容的理解。通过诊断和发现阶段确定合适的干预措施或教学活动，这使得教师能够确认学生当前的知识理解水平以及学习目标。初始评估得出的证据让我们能够就如何缩小学生当下所处的学习阶段与我们希望他们达到的目标之间的差距，做出最佳的决策（见图3.2）。这就引出了我们对于如何缩小差距的讨论。简单地说，专业的教师关注之所以如此强大，是因为我们对自己所关注的事情采取了行动。

图3.2　教师关注促使我们行动

通过诊断和发现阶段确定合适的干预措施或教学活动，这使得教师能够确认学生当前的知识理解水平以及学习目标。

例如，如果我们注意到学生在关于位值或细胞过程的先备知识、对古代文明的学习倾向或独立阅读虚构文本的学习动机方面存在差距，我们决定对此采取的行动——以一种能推进学生学习并缩小知识差距的方式——会对学生的学习产生影响。这样就达到了我们的目标：推动变革。然而，如果我们没有掌握采取行动所需的学科内容或教育学知识，那么分析标准、设计和实施初始评估以及收集证据就失去了它们的价值。

这并非缺陷思维

在进一步讨论之前，我们首先要解决这一过程中可能出现的误区——缺陷思维。虽然并非刻意为之，但在开始每个单元、课程或任务时，我们很容易产生这样一种思维或者假设：学生身上存在着一个我们必须找到并纠正的缺陷。这绝非设计DIIE模型的初衷。事实上，DIIE模型提倡并支持一种截然不同的做法：遵循金发姑娘原则。教学中，应时刻注意“别太难，别太容易，也别太无趣”。该原则适用于所有学科知识、学习倾向和学习动机。让我们来看看罗德里格兹老师是如何利用初始评估来确定学生的学习特点的。

莱利娅·罗德里格兹（Lelia Rodriguez）老师在伦敦郊外的一所皇家文法学校教授英语文学。接下来几天，她的教学重点是对教材里的莎士比亚作品《哈姆雷特》（*Hamlet*）进行分析。她认识到，该课程标准的重点是从作者生活和创作作品的特定时期的视角进行文学分析。通过聚焦文学遗产，她最终将帮助学生理解这些文学遗产是怎样对现代文学作品产生影响的。为了开始这门课程，她设计了一个初始任务，希望能帮助学生们了解莎士比亚的生活及其所处的时代。根据学生需要掌握的内容，她确定拼图学习法是适合这项任务的方式。这项初始任务还将提供证据，帮助她就学生下一阶段的学习方向做出最佳决策。“学生们对莎士比亚知之甚少，对此我并不感到惊讶——他们一直都在听有关他的故事，对他的看法充满了历史的不确定性。”在与罗德里格兹老师的进一步讨论中，她还指出，学生对于课程内容的态度有很大的不同。“学生们没什么信心去读懂莎士比亚的作品，这让我有些吃惊。此外，他们并没有多大动力去学习这一特殊主题的知识。这给我带来了一些挑战，需要我好好思考下一步该怎么教。”

罗德里格兹老师注意到学生在先备知识、学习倾向和学习动机等方面存在差距，但仅仅注意到这一点还不足以将好主意付诸实施。DIIE模型中“干预”的核心思想是：一旦注意到什么，我们必须立即采取相应行动。而且，我们必须采取成功概率高、对学生学习产生最大影响的干预措施——这是通过让学生们获得并巩固学习技能、学习意愿和学习兴奋来实现的。有了充足的资源、正确的目标和合适的方向，罗德里格兹老师采取的行动非常有效和高效。如图3.3所示，这些决策的资源是我们作为教师可以利用的多种干预措施。除了了解多种高成功率的干预措施外，我们还必须知道如何根据学生的具体需求校准并调整干预措施，从而推动他们的学习。毕竟，我们是变革的推动者。

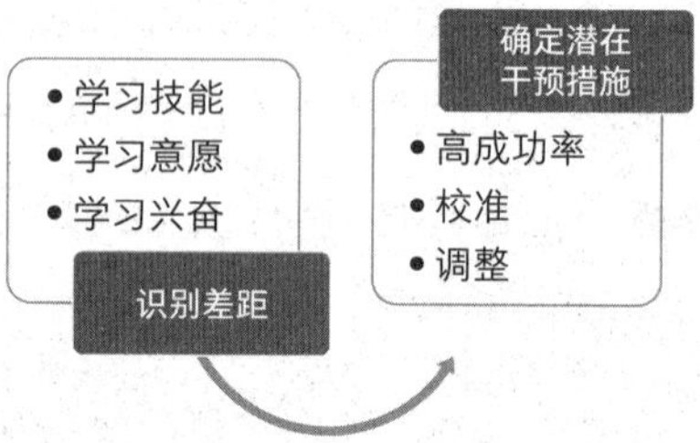

图3.3　干预的核心要素

罗德里格兹老师诊断并发现了这些差距。仔细审视这些差距，就能更好地理解什么资源或者干预措施能为我们所用。这样一来，我们就可以进行校准，弥合学生在学习技能、学习意愿和学习兴奋上的差距。

确认学习技能、学习意愿和学习兴奋：学生当下处于什么学习阶段

学生目前所处的位置和他们对未来的期望之间的差距或距离可以分为三大类：学习技能、学习意愿和学习兴奋。

正如前文提到的，DIIE模型的诊断和发现部分包括了解学生的学习倾向、个性特征和学习机会。我们要了解的不仅仅是学生能否用重组法解决两位数减法题，能否辨识文学作品中的象征性表述，或能否描述美国最高法院的司法审查。再三强调，当考虑到DIIE模型时，教师必须在进入下一阶段教学之前诊断并发现学生的各个方面。我们要花时间概念化一种思考这些方面的方法。换言之，我们已经为学生建立了期望，制定了明确而有效的初始评估，并关注这些初始评估得出的证据。现在该做什么？是的，我们必须通过这些证据来确定差距。这些差距可能（但不限于）与先备知识、学习倾向或学习动机有关。如何根据现有证据来确定差距？学生目前所处的位置和他们对未来的期望之间的差距或距离可以分为三大类：学习技能、学习意愿和学习兴奋。

学习技能。哈蒂和多诺霍（2016）将学习技能定义为“学生开始任务之前的学识储备”。更详细地说，技能方面的差距包括与学科内容相关的先前知识、已掌握技能及/或对学科知识的理解。

技能指学生已经知晓、理解并有能力完成的

事物，常常被描述为背景知识或者先备知识，是学生开始新的学习之前所拥有的学科知识、技能以及（对内容的）理解。

这些关于学生的信息来自我们对他们进入学习环境之前的经验以及他们如何看待这些经验的理解。学科知识是学习技能的一个重要方面。例如，当哈维尔·科尔顿（Javier Colton）初次上物理课时，他已掌握的关于度量、单位、液体、力学和能量的知识全都来自他多年在自家经营的汽修店给父亲打下手积累的经验。哈维尔不仅对相关学科知识有着广泛的理解，还精通高中科学课上老师通常会教授的过程和实践。玛丽亚·桑切斯（Maria Sanchez）在世界各地生活过。拥有军人家庭背景的她有机会体验从东欧到东南亚的多种文化。她精通不止一种语言，知道如何在各种社交场合中游刃有余。她通晓高中人文地理的学科知识，并掌握与每个同龄人合作学习的社会情感技能。与学科知识同样重要的是学生的信念、工作记忆以及家庭和文化对他们的期望。获得这些丰富的信息将使我们能够对学生的学习产生更大影响。

了解学生在哪些方面需要额外的帮助同样很有价值。并非每个人都能拥有与哈维尔和玛丽亚同样的学习技能（即知识、技能和理解）。因此，当我们理解从诊断和发现过程收集的证据，并决定采取什么行动时，需要提出以下反思性问题：

- 学生的知识基础怎么样？是否需要适应性或补偿性的学习方法？
- 学生在学习当前课题之前，掌握了什么与学科内容相关的技能吗？在培养、运用这些技能时，他们需要什么样的额外支持？
- 学生是否需要额外的支持来培养其学术语言，以使得他们能参与学术讨论？

以上问题的答案将使我们能够根据诊断和发现的结果采取行动——确定具体的、高成功率的干预措施，帮助学生获得和巩固他们在课程内容方面的知识、技能和理解。

想要知道应在何时关注学生的学习技能，我们需要诊断学生是否在知识基础、技能组合或基本理解方面与目标之间存在差距，从而阻碍他们学习新知识。

学习意愿。学生进入学习环境之前的学习意愿包括他们的学习倾向和对我们教学的相关看法。考察学习意愿的另一种方法是考量学生进入课堂之前的个性。

学习意愿即学生的学习倾向。学习倾向能揭示学生对具体学习情境的反应，例如参与并坚持完成某项学习体验或任务的倾向。

我们培养学生对自己说“我想做这件事”的机会，就是在建立学生的学习意愿。杰克逊·托马斯（Jackson Thomas）在能让他进行创造的任务中发现了价值。他想从事艺术工作，把任何东西都创作成歌曲、绘画或舞蹈。同样，他醉心于艺术在理解历史、社会学和人类心理方面发挥的作用。但是，对他而言，从事科学或数学相关的工作困难重重，除非能将特定的主题与艺术联系起来。例如，他决定仅利用数学方程式来创作一件艺术品。他的老师伊芙琳·巴伯斯（Evelyn Babers）回忆说，这次特别的创作是“对作业的一种完全出乎意料的反馈”。“我原本想让他们证明自己理解了数学变换。不过，他采取了相反的思路——使用线性方程复制了蒙德里安的一幅画。”而他的姐妹泰莎·托马斯（Tessa Thomas）想成为海洋生物学家。她以截然不同的态度完成类似的作业。“我只想尽快完成，这样我就可以继续阅读有关海豚和它们栖息地流失情况的资料。我不知道这些作业对我成为一名海洋生物学家有什么帮助。”

这两个学生的学习意愿要求他们的老师就推动他们学习所需的干预措施做出不同的决定。学生的学习意愿不同，教师也要因材施教，选择合适的干预措施，推动学生学习。从学习意愿的角度来看，在理解DIIE模型的诊断和发现阶段所收集的证据时，我们必须问自己：

- 我对能够充分利用或增强学生内在动机的学习兴趣和学习倾向有什么了解？
- 为了让学生能够自我调节注意力，我需要提供额外的支持吗？
- 为了帮助学生开发学习工具、学习策略或养成学习习惯，从而推动其学习，我需要提供额外的支持吗？

以上问题的答案将使我们能够根据我们的诊断和发现结果采取行动——确定具体的、高成功率的干预措施，通过增强学生信心和自我效能感，帮助他们获得并掌握所学知识。

想要知道应在何时关注学生的学习意愿，我们需要诊断学生是否愿意参与学习，是否在学习体验或任务中展现出其聪明才智，是否在战略上坚持不懈地完成该体验或任务。

学习兴奋。学习兴奋可能是最强劲的学习动力。

学习兴奋指的是学生的学习动机——为什么学生想要参与学习体验或任务。

回想一下那些让你终生难忘的学习体验或者任务。是关于某本书吗？你还记得某个特定的数学问题、科学实验、音乐表演或历史事件吗？这种学习兴奋在你的大脑中精细编码，让你能轻松回忆起那次体验或任务。事实上，回忆可能涉及你的大部分感官。你甚至可能回忆起当天的着装。丹妮尔·米勒（Danielle Miller）回忆起她高中参与的顶点项目：在当地一家兽医院照料大型家畜。她能令人震惊地记住这段经历的点点滴滴，而这段经历也坚定了她成为一名大型动物兽医的决心。还有一个关于较小事件，但同样重要的回忆案例：埃娃·布莱德利（Ava Bradley）回忆起自己在八年级数学考试中收到的反馈。“我花了很多时间练习——每天都是如此。数学对我来说并不总是那么容易，但我的老师一直说我有数学天赋。我每天都花时间准备考试。我练习题目，并试着向我的兄弟姐妹和朋友讲解方法。我至今难忘肖瓦尔特老师把我的满分考卷发回来时的表情。讲述这个故事令我心潮起伏。我当时就知道了，只要好好努力学习，就每次都可能拿满分。”

学习兴奋通常需要学生运用先前知识来采取相应行动，并进行创造。在许多情况下，需要选择合适的方法创造学习兴奋。当我们从学习兴奋的角度理解DIIE模型的诊断和发现过程中收集的证据时，必须提出以下问题：

- 我要如何设计一个学习环境，好让我的学生有机会体验到学习兴奋？
- 哪些任务能让学生有机会去运用已学到的知识来采取相应行动？

想要知道应在何时关注学生的学习兴奋，我们需要了解学生的学习动机。有的学生有动力去加深自己对学习内容的理解，并使他们的学习有意义，而有的学生只是机械地重复知识点，并不深入理解。我们更需要关注后者的学习兴奋。这通常可以从这一事实中得到证明：有的学生付出了最小的努力，却取得了最大的回报。

运用金发姑娘原则

让我们快速回到罗德里格兹老师的课堂及其初始评估中。当她的学生运用拼图学习法阅读和分析《哈姆雷特》时，如果他们展现出高水平的先备知识、强烈的信心或自我效能感，以及学习更多知识的动机，会怎么样呢？她在一部分学生身上发现了这一点。"我教过的许多学生都很熟悉莎士比亚的作品，尤其是《哈姆雷特》。而且，他们渴望学习更多关于莎士比亚作品的知识。"

对于这些学生来说，他们的学习技能、学习意愿和学习兴奋似乎与标准中列出的期望水平没有差距。罗德里格兹老师的初始评估提供了这一宝贵信息，表明需要在这一内容上提高这些学生的学习标准。换言之，如果她的一些学生已经达到了标准规定的目标，我们就必须提供一个新的目标：他们下一步要去往哪里？

罗德里格兹老师需要调整这一特定单元的教学，以确保学生面临着正确的挑战水平："别太难，别太容易，也别太无趣。"在下一章阐述如何实施时，我们将用大量篇幅讲解这一特定情况。就目前而言，我们想指明，在某些时候，为了坚持金发姑娘原则，必须根据初始评估对学习环境做出相应调整。

专注于学习技能、学习意愿和学习兴奋并不是一个线性或连续的过程。事实上，没有一种算法或编程中的"如果一那么"（if-then）循环能知晓什么时候更该注意哪一个，或者将注意力从其中一个转移到另一个上。这需要持续留意学生当前所处的学习阶段、可用的干预措施以及这些干预措施的实施是否会产生影响。我们将在后续章节中阐述实施和评估。眼下，让我们来看看提升学习技能、学习意愿和学习兴奋的高成功率的干预措施。

高成功率的干预措施

高成功率的干预措施是教学中最行之有效的部分。这些干预措施是“可见的学习+™”数据库的一部分，源自《可见的学习》（哈蒂，2009）中的主要结论。其中一个重要发现是，没有任何教学方法或最佳教学策略适用于任何情境、任何学生。我们必须选择正确的、高成功率的干预措施——这样的干预措施能通过帮助学生获得和巩固他们在课程内容方面的知识、技能和理解，来促进学生学习。当干预措施符合我们所诊断出的学生当前所处学习阶段时，有确凿证据表明，某些策略和方法更有可能帮助学生实现学习目标。“可见的学习+”（因而也包括高成功率的干预措施）基于多年来收集和分析的效应量信息，指引我们如何将其研究结果转化为最有可能对学生的学习产生最大影响的学习体验和具有挑战性的任务。

校准高成功率的干预措施，使其与学习技能、学习意愿和学习兴奋相一致

干预不仅仅是要知道高成功率的干预措施有哪些。除了将这些策略或方法作为资源利用外，我们还必须选择正确的、高成功率的干预措施，以促进学生学习，同时增强他们的学习倾向和学习动机。有一些干预措施对学习技能有显著影响，但对学习意愿和学习兴奋没有影响。同样，也有一些干预措施对学习意愿和学习兴奋有显著影响，但对学习技能没有影响。干预的时机很重要。让我们来看看具体的高成功率干预措施，以及在何处利用这些措施有可能最大限

度地促进学生学习——之所以说“有可能”，是因为我们仍然需要实施这些干预措施，这将在下一章中讨论。此处，我们仍聚焦于DIIE模型中的第一个“I”（干预）。

提升学习技能的高成功率干预措施

当学生走进教室或登录远程学习环境时，他们会带着从课堂内外的经验获得的先备知识。阿吉拉尔老师充分认识到，她的学生在历史研究方面的先备知识对他们的学习技能有着显著的影响，因此也对她在教授古代文明时所做的决定有着显著的影响。“他们的历史观往往是以事实为基础的。他们能不假思索地说出历史人物的姓名以及历史事件发生的时间，却不像历史学家那样具备深入思考的技能。这些学生是有能力的，但他们需要具体的策略和方法来培养这些技能。而另一部分学生已经从不同的先验经验中获得了这些技能，那么我的关注点就是如何推动他们继续前进。”对阿吉拉尔老师而言，先验经验（因而也包括先前知识）与学科知识、学习技能与理解情况有关。作为教师，我们的关注点是使用评估性思维，并在学生成功学习新内容需要何种知识、技能和理解方面，做出有意识的、有目标的和深思熟虑的决定。我们可以通过学科内容和认知任务分析来做到这一点。

学科内容和认知任务分析是我们检查标准和技能目标的过程，该过程能将标准和技能目标分解为循序渐进的各部分（齐栋和弗兰佐内，2009）。认知任务分析需要解构国家或地方标准中阐明的具体学习成果。让我们回到上一章关于全球化的例子。

标准明确了学生需要学习的内容，帮助我们避免被他们已知道

总体成果

学生们将探索全球化对其生活的影响。

具体成果

价值观和态度

学生将：

1.1 承认并理解全球化世界中多元视角的存在。

1.2 理解为什么加拿大各民族和其他当地人努力在全球化的世界中宣扬其文化、语言及身份。

1.3 理解身份和文化如何塑造全球化，又如何被全球化塑造。

知识和理解

学生将：

1.4 探索个人和集体表达身份的方式（传统、语言、宗教、灵性、艺术、服饰、与土地的关系、意识形态信仰以及角色楷模）。

资料来源：Alberta Learning. (2007). Social Studies 10−1 [Program of Studies]. Edmonton, Canada: Alberta Learning.

的内容分散注意力。在这个具体的例子中，为了让学生“探索全球化对其生活的影响”，在列出本标准中的概念和名词时，我们要假设学生已拥有哪些先备知识？学生需要知道、理解和能够做什么，才能积极参与新的学习？我们可以将复杂的标准拆分为更清晰的小块，供学生参考。看看标准中的一个具体表述：“理解身份和文化如何塑造全球化，又如何被全球化塑造。”学生必须拥有关于身份、文化以及最重要的，全球化的概念。请注意，该具体标准并未规定学生需要能够定义或描述全球化。这就是假设（学生已拥有）的先验经验或知识。因此，我们必须确保该内容已经被学生获取、巩固并能在脑内检索。

一旦我们确定了标准的必要元素，学生就需要开始新的学习。如果他们的背景知识不足以让他们成功参与新的学习，则需要使用高成功率的干预措施来解决，包括（哈蒂和多诺霍，2016）：

- 利用词汇计划来建立学术语言
- 总结归纳
- 详细询问
- 利用直接指导使学生获取特定知识，并对此提供支持
- 利用刻意练习帮助学生巩固特定知识
- 通过复述和背诵来帮助学生轻松回忆起特定知识
- 有效反馈学习情况
- 在帮助学生巩固所学知识方面，相较于集中练习，更注重间隔练习

表3.1提供了各个干预措施的平均效应量及简要定义。随着新的研究被添加到“可见的学习”数据库中，这些效应量可能会产生变化。“可见的学习Meta X”提供了表3.1中每种效应量的最新数值。

想要学习新知识，学生需要达到一定的技能水平，而上述特定的高成功率干预措施就以支持学生获得达到该技能水平所必备的背景知识著称。在走向实施的过程中，需要解决的一个问题是：如果学生已经具备学习新知识所需的技能，我们该怎么做？答案是：直接进入新的学习。

表3.1　提升学生技能的高成功率干预措施

干预措施	平均效应量	说明
词汇计划	0.63	词汇计划能为学生建立词汇量、提供主题相关词汇，并将这些词汇与其他词汇联系起来
总结归纳	0.74	总结归纳文本的能力通常标志着阅读理解力，因此许多学者呼吁让理解能力薄弱的学生进行目标明确的总结归纳训练。内容可包括删除不必要的或冗余的材料、用从属术语代替一系列事物或行动、找出主题句，以及构建主题（如果文本仅含蓄地暗示了其主题）
详细询问	0.56	这种询问技巧要求读者通过提出诸如“为什么这是真的”“为什么这有意义”的问题，甚至简单地问“为什么”，来对明确陈述的事实做出解释。与更典型的教科书式提问——问“是什么”而不是“为什么”不同，详细询问已被证明可以促进学生从文本中学习
直接指导	0.59	直接指导是指由教师组织、安排和引领的一种教学方法。直接指导要求教师明确学习计划和成功标准，在学生之中建立他们对学习任务的承诺和参与；在教学中使用建模来考察学生对所学内容的理解情况；指导学生练习，以便每个学生都能在老师的直接监督下，通过活动或练习展示他/她对新知识的掌握情况

续表

干预措施	平均效应量	说明
刻意练习	0.79	该学习技巧包括为提高特定方面的表现而密集进行相关实践练习。刻意练习通常指有难度、需要大量精力的重复练习，并经常通过反馈进行调整。虽然常规练习也可能包括大量重复练习，但刻意练习需要集中注意力，并以提升表现为具体目标
复述和背诵	0.73	复述是记忆研究者使用的一个术语，指帮助我们记忆信息的心理技巧。它可以包括许多策略，例如通过随机组织并借助视觉提示（如索引卡片或照片）来复现需要记忆的信息
有效反馈	0.64	学习反馈可被定义为一种信息，用以缩小学生目前所处学习阶段和他们的期望目标之间的差距。具体而言，反馈是由一个主体（例如，教师、同学、书籍、父母、自我/经历）提供的、有关个人表现或知识理解程度方面的信息，这些信息能缩小学生已理解的知识和需要去理解的知识之间的差距
相较于集中练习，使用间隔练习	0.65	该理论认为，比起“集中”学习所有知识，以间隔或分散的时间学习，更能加深学生记忆。间隔练习指将原本耗时较长的练习分为若干较短的课程。集中练习的课程数量更少，但耗时更长

提升学习意愿的高成功率干预措施

德洛奇老师是学校“什么造就了一个优秀学生”计划的一分子，她努力创造学习机会，帮助学生掌握学习技能、提升学习倾向。“除了教授与力和运动相关的知识之外，我还希望学生通过有效的样例或范例来反思自己的作业，从而理解科学现象。我希望学生能在脑海中进行自我对话，从而引导他们监督自己的学习进度。”对德洛奇老师而言，明确地传授与最大学习收获相关的学习倾向是很重要的。我们不仅应帮助学生学到并巩固知识，还必须支持他们成为具有评估能力的可见学习者，或者是拥有能推进自主学习、能监督自己学习进度，并在必要时能进行调整的工具的学习者。“在远程学习环境中，我花时间给学生提供机会来反思自己的学习情况，并证明自己的学习方法是有效的。”就像德洛奇老师在远程科学课上所做的一样，我们都必须采取措施，明确培养学生的高影响力学习倾向。学生可能会带着迥然不同的学习倾向进入学习环境、任务和活动。他们有的积极，有的消极，有的学习成果丰富，而有的则会破坏课堂环境。正如德洛奇老师为学生设定了关于力和运动的目标一样，她也为学生在面对有挑战性的新学习任务时的倾向反应设定了目标。我们应该积极地与学生一起通过以下干预措施实行上述步骤：

- 自我调节策略
- 自我评判和反思
- 元认知策略
- 策略监督
- 策略迁移

- 察觉异同点
- 练习测试

我们可以创造一个有目标的学习环境，让学生得以使用元认知策略，以及其他所列出的干预措施来促进自我对话——这是有评估能力的学生的一个关键特征。

表3.2提供了各个干预措施的平均效应量及简要定义。同样，这些效应量可能发生变化。

表3.2　提升学习意愿的高成功率干预措施

干预措施	平均效应量	说明
自我调节策略	0.52	一个能自我调节的学生需要动机（例如，尝试解决一个数学问题）、认知能力（去思考问题）和元认知能力（去审视自己是否正在正确地完成任务）
自我评判和反思	0.75	自我评判是独立自主学习的一个重要组成部分，然而学生往往会高估或低估自己的能力。教师应努力培养学生冷静地根据既定标准审视自己学习情况的能力。学生能够反思自己的学习情况，辨别学习情况与既定标准之间的关系，并进行自我评判，这对他们来说是很有帮助的
元认知策略	0.58	元认知是关于思考的思考；它包括帮助学生理解他们学习方式的方法
策略监督	0.58	当学生监督自己完成任务所采用的策略时，就是在进行一项元认知实践。它通常包括对学生进行解决问题和监督技巧的训练（通过这些技巧，学生可以观察自己如何以及是否遵循问题解决方案）
策略迁移	0.86	要实现有效学习，学生必须能够本能地、自发地、适当地将学习和解决问题的策略从一块内容转移应用到另一块内容上。这可能是近迁移——迁移到与所学内容相似的新问题上；也可能是远迁移——迁移到新的场景和新的领域中
练习测试	0.46	练习测试是一项行之有效的、可以促进学生学习的策略。练习测试的目的是支持学生获得长期记忆，并增加他们在脑内检索到“需要记住的”信息的机会。它有时也被称为检索练习、练习测试或通过测试强化的学习

提升学习兴奋的高成功率干预措施

学生具备的先备知识和经验不仅会影响其学习技能，还会影响其学习动机。无论是实体课堂教学、混合式教学还是远程教学，学生都会带着不同的动机来获得学习体验。作为教师，我们的任务是提供学习机会，实施干预措施，以培养学生的内在学习动机，从而使他们以一种既能获得成长又能提高成绩的方式参与学习体验和任务。在深入研究这些干预措施的案例之前，区分不同类型的学习动机非常重要，因为它们会对学生的学习产生不同影响，而且并不是所有的学习动机都与学习兴奋呈正相关。因此，教师应当重点关注此类影响因素，具体如下：

- 动机
- 表层动机和方法
- 深层动机和方法
- 成就或战略动机和方法

乍一看，其中一些效应量可能会令我们感到震惊。为了理解这些效应量，我们必须了解每种类型的学习动机，以及它们是如何引导我们选择干预措施的。例如，哪些干预措施帮助学生激发深层动机而非表层动机？为了回答这个问题，让我们来看看这两种类型的动机。表层动机和深层动机之间的差异较大，足以让我们解释区分。例如，来自美国的三年级教师莱纳德展示了具有表层动机的学生是如何学习的。“我的一些学生只想单单获取信息并将其复述给我，而不太注重对学科知识的理解。”结果就是这些学生并没有学到或巩固新知识，而仅仅是服从性地完成任务了事。他们的学习自然受到影响。然而，深层动机驱使学生寻求知识，并以精通这些知识、深入理解它们为目标。莱纳德老师解释道："这些学生不仅愿意在完成任务上投入更多，也愿意在理解他们正在学习什么、为什么要学习这个知识以及成功学习该知识是什么样的、有何种感觉上投入更多。"而那些受成就动机驱使的学生，会根据他们的目标在两者（表层学习者和深层学习者）之间移动。莱纳德老师形容"这些学生认为数学作业完成即可，这样他们就能把更多的时间和精力投入到自己的STEM（科学、技术、工程和数学教育）项目或喜欢的书籍中"。成就动机需要学生具有动机上的战略性——选择什么时候成为表层学习者并理解知识，什么时候深入探究并发掘知识之间的联系，什么时候去精通知识以及什么时候需要表现得让其他人（老师、同学以及家人）满意。

在我们的教学环境中，当我们选择任何通过策略实施的干预措施时，都应聚焦于发展学生的深层动机，以及旨在让学生知道何时运用成就动机策略的方法。一旦我们确定要培养学生的何种具体动机，就可以通过增强学生的以下方面来建立该动机（哈蒂和多诺霍，2016）：

- 自我效能感/自我认知
- 学习任务价值
- 适度的挑战
- 成功标准

我们可以创造一个学习环境，并积极地与学生进行特定互动，提高其自我效能感以及学习任务的认知价值。

表3.3提供了各个干预措施的平均效应量及简要定义。

表3.3 提升学习兴奋的高成功率干预措施

干预措施	平均效应量	说明
自我效能感/自我认知	0.71	阿尔伯特·班杜拉（Albert Bandura）在其教育理论中首次提出了“自我效能感”。它指的是一种自信感或一组自我认知，该自我认知是通过使人们决定自己打算遵循何种行动方针，从而影响其思想、行动和情绪得到唤醒的
学习任务价值	0.46	某项特定的任务具有价值——学生的这一感知决定了他/她寻求帮助、付出努力以及管理自身焦虑感的意愿。学习任务价值是由4个部分组成的函数：（1）趣味性（参与任务所获得的乐趣）；（2）实用性（任务或活动在帮助实现另一个短期或长期目标方面的工具价值）；（3）成就价值（任务与自我意识及个人或社会身份之间的联系）；（4）成本（因做出特定选择而放弃的东西或与每个可能的选项有关的消极经历）
自我对话与自我反省	0.59	自我对话（与自己谈论一项困难的知识性任务）和自我反省（询问自己有关遇到的信息）都是认知工具，两者都与更高层次的理解有关。事实上，许多研究都指导学生在阅读时询问自己不同类型的问题（关于意义的高阶问题、阅读过程中的自我监督问题，或关于相关先备知识的问题）
适度的挑战	0.59	具有适度挑战性的目标能引导学生参与学习并激发其内在动机——这是有意义学习的必要前提。许多学者认为，当教师清楚地阐明某一特定课程的最终目标，且该目标虽有挑战性但可以实现时，学生的进步最为明显。金发姑娘原则要求别太难，别太容易，也别太无趣

续表

干预措施	平均效应量	说明
成功标准	0.88	成功标准是在项目结束时判断其是否成功的标准。成功标准通常需要与学生共同构建，旨在提醒学生他们需要关注哪些方面，并且可以涉及课程的表层学习（学习学科内容和观点）和深层学习（学习知识点之间的联系和迁移）

对于DIIE模型中的第一个“I”（干预），我们应该使用诊断和发现的信息来识别和选择正确的高成功率干预措施，这样就能让学生获得并巩固学科知识、学习技能和对学习内容的理解，从而推动他们学习。这要求我们同样确定何种干预措施能帮助学生提升学习意愿和学习兴奋。学习技能是学科内容、相关技能和对知识的理解；学习意愿是关于这些学习技能的动机和应用；学习兴奋是未来在不同环境中使用相关知识的倾向。本章讨论的具体案例只是200多项可能加速学生学习的干预措施中的一项。不过，将这些干预措施作为从潜能转向实施的资源只是整个过程的一部分。我们必须确定对特定侧重点（学习技能、学习意愿或学习兴奋）最有效的干预措施。但是，我们还没有全部完成。

如果学生已经掌握并理解了知识，为什么还要来上学？事实上，上学的目的就是去了解他们尚未掌握的知识，而我们的作用就是激发他们对学习知识和理解知识的兴趣（这是非常宝贵的），以及引导他们更深入地了解和掌握令我们着迷的课题和观点，并点燃他们自主学习的火花。你可能已经注意到，DIIE模型认可了该目标——其前提是，当我们理解学生的出发点，根据证据来决定最佳干预措施并非常了解这些干预措施的实施质量时，我们在教学中会获得更大的成功。这需要很多技能和专业知识，所以我们要不断为身边的教育工作者的卓越表现鼓掌。

干预措施的效果取决于我们的实施情况，这就要求我们调整干预措施，以反映我们教授的对象和我们特定的教学模式——我们教学环境的实际模式（例如，实体课堂教学、混合式教学和远程课堂教学）。

下一步就是在我们的教学环境中实施干预措施。干预措施的效果取决于我们的实施情况，这就要求我们调整干预措施，以反映我们教授的对象和我们特定的教学模式——我们教学环境的实际模式（例如，实体课堂教学、混合式教学和远程课堂教学）。

第四章

有效实施并调整高成功率的干预措施

IMPLEMENTATION

“

实施要求我们采用高成功率的干预措施，并根据具体学习环境，适当调整干预措施。

”

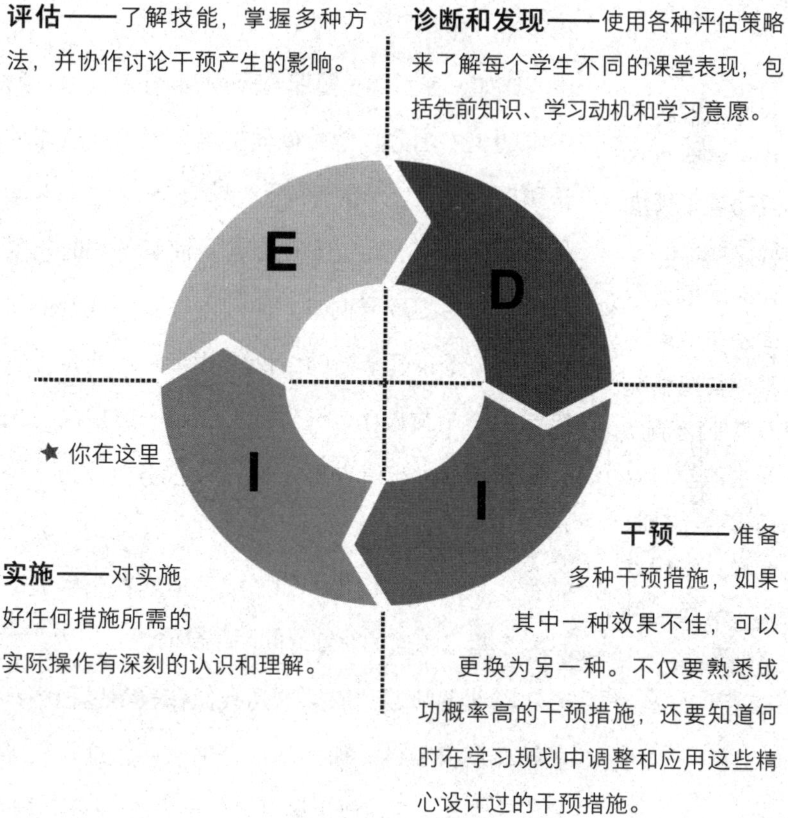

图4.1 DIIE模型

干预的下一步是实施。只有当我们真正了解学生及其独特的学习倾向，了解什么干预措施能为学生提供最佳学习机会时，我们才能真正准备好有意识地实施这些干预措施。简单地说，以高成功率实施有效的干预措施，有望缩小学生在学习技能、学习意愿和学习兴奋方面的差距。深入了解和理解学生，并拥有具体的干预措施，这是达成高影响力的实施所必需的。实施可能看起来很简单，就像在特定主题或课程中使用策略一样。

教育工作者不能只是空想高成功率干预措施拥有的潜力，还必须根据不同学习环境呈现的实际情况及其独特特征、学生的学习倾向和学习体验，来设计实施过程，从而利用这种潜力。

比如，弗雷德·墨菲（Fred Murphy）是一所中学的美术老师，他希望他的学生能够理解印象派和后印象派之间的异同。“我认识到，这需要学生运用他们对艺术元素的了解，理解一个时期的特征，然后提取异同点。他们还必须将这些信息整合成一个条理清晰的结论。”墨菲老师决定提供给学生一个文氏图，允许他们在每一时期内任选一件艺术品进行重点研究。“这项任务完成得十分糟糕。他们聚焦于不相关的特征，且只关注表面特征。最终，他们仍不知道或不理解在艺术史中这两个紧密相连的时期之间的差异。”

墨菲老师遇到的挫折是我们在教学过程中都能够感同身受的。他的初始评估表明，这是新的知识；他意识到，要求学生识别异同是一种高成功率的干预措施。那么问题出在哪呢？答案是实施。像墨菲老师这般高影响力的老师每天都会做出教学决定，他们相信这些决定会对学生学习产生真正的影响。通过设计实现卓越教学不仅需要我们选择符合学生需求的干预措施，并将其纳入教学计划——我们还必须考虑其他因素。

对于DIIE模型的这一部分，我们的重点是描述实施过程（见图4.2）。教育工作者不能只是空想高成功率干预措施拥有的潜力，还必须根据不同学习环境呈现的实际情况及其独特特征、学生的学习倾向和学习体验来设计实施过程，从而利用这种潜力。

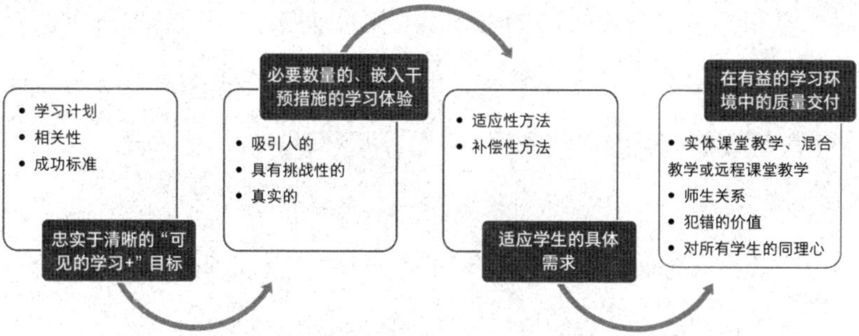

图4.2　实施的重要组成部分

对于墨菲老师和我们所有人来说，要想顺利实施高成功率的干预措施，最大限度地提升学生学习，就需要我们以一种非常独特的方式思考我们作为教师的角色。这借鉴了本书第一章中提出的思维框架。教育工作者如何看待自己在实施教学过程中所扮演的角色，驱动着他们对实施的每个重要组成部分所做的决定。例如，如果我们已经准备好迎接学习的挑战，以及评估我们对学生学习带来的影响，那么我们就更有可能设计和实施一个鼓励学生犯错的学习环境，从而让学生参与到成效显著的学习挑战中。此外，我们更有可能设计出具有合适挑战水平的学习体验。最后一个例子是，相信所有的学生都能够成功以及我们可以推动变革，这为我们提供了前进道路上必要的适应性和补偿性方法，以确保所有学生朝着明确的成功标准迈进。让我们来看看实施阶段的各个重要组成部分。

忠实于清晰的“可见的学习+”目标

提供清晰可见的学习目标与作为教师的我们确定并与学生分享学习期望有关。这些学习期望不仅限于认知期望，还包括行为期望和社会情感期望。换句话说，我们应该分享与学生的学习技能、学习意愿和学习兴奋相关的明确期望。对我们来说，仅通过分析课程标准来确定学习内容是不够的，但我们仍须让学生向这些学习目标努力，以便他们做到以下方面（弗雷、哈蒂和费舍，2018）：

1. 了解并描述他们当前的学科知识、相关技能和理解情况。
2. 确定他们的下一学习目标，并且他们有信心迎接挑战。
3. 选择并利用工具来推进自己的学习。
4. 将犯错视为学习机会，并寻求同学和老师的反馈。
5. 监督自己的学习进度，并在必要时进行调整。
6. 认可自己的学习过程，并帮助同学学习。

具有评估能力的“可见的学习”型学习者拥有这6个特点，代表了学习技能、学习意愿和学习兴奋的理想结合。

清晰的“可见的学习+”目标带来的成果是，学生能够每天回答下列关于他们学习体验的问题（弗雷、哈蒂和费舍，2016）：

1. 我今天学到了什么？

2. 我为什么要学这个？

3. 如何得知我学会了？

第一个问题要求我们提供对学生来说可见的、明确的学科内容、语言和社会学习计划，这样他们也能认识到当天的学习内容是什么；关于“为什么”的第二个问题帮助我们建立学习的真实性，这样我们就可以将特定的学习内容、相关技能和理解情况引入相关的教学背景中；第三个问题引出了一个清晰而简洁的描述：对我们和学生来说，成功的学习应该是什么样的。

学习计划。学习计划决定了学生学习的内容。学习计划不仅仅是一个标准——它们源自并基于国家和州的学习标准中明确表达的期望。简单地把目标写在黑板上，然后大声读出来，会削弱学习计划的力量。学习计划应集中在整个课程中，并成为学生在这部分内容或这段时间内学习的一个组织特征。通过这种方式，学习计划可以推动教学，支持学生更好地意识到自己正在朝着预期方向前进。让我们回到墨菲老师的艺术史课上，他提出了以下学习计划：

内容学习计划：今天，我正学习印象派和后印象派艺术之间的异同。

语言学习计划：今天，我正学习表达我的审美判断所必需的语言。

社会学习计划：今天，我正学习建设性批评及其在我们对其他艺术作品进行审美判断中发挥的作用。

从这些学习计划中得知，墨菲老师不仅专注于学科知识，还关注学生围绕艺术分析的语言和互动——包括学生的艺术作品和来自那两个时期的艺术作品。

成功标准。即使有明确的学习计划，墨菲老师和他的学生也须清楚成功学习是什么样的。成功标准描述了在期望中，学生将如何展示他们的学习成果，并且可以采取多种形式。成功标准可以通过“我可以”式陈述、展望、评估准则、学生作业示例、榜样或演示等加以呈现。这并不是说成功标准只是一个终点，而是学生在学习过程中被要求呈现的清晰又简洁的证据，以此表明他们当下所处的学习阶段。让我们回到墨菲老师的学习计划，并思考在他的期望中，学生将如何根据这些学习计划，通过以下方式做到成功学习：

- 我可以描述艺术作品中的艺术元素和透视技巧。
- 我可以识别出印象派艺术和后印象派艺术的主要特征。
- 我可以解释艺术和文化是如何相互反映和影响的。
- 我可以将印象派艺术与后印象派艺术进行比较和对比。
- 我可以通过视觉线索和研究来印证我对艺术家意图的个人看法。

成功标准通过以下3种方式引导我们实施高成功率的干预措施：

1. 为学生的学习架起“护栏”——使他们意识到成功标准是什么，并按照该标准推动自己的学习。
2. 了解期望学生达到的认知参与水平有助于我们在正确的时间进行正确的干预。
3. 这些标准是差异化教学的出发点，确保所有学生都朝着成功标准迈进。

学生对成功标准的认识

与学习课程之前的阶段类似，了解何谓成功学习的学生能够参与更具目标导向性的活动。例如，如果墨菲老师的学生意识到他们必须找出（艺术派别的）主要特征，解释艺术和文化，或证明个人观点的合理性，那么他们就可以更好地为自己制定学习目标，并利用现有的技能达到上述学习标准。此外，他们可以开始监督自己当下对学习内容的理解情况，并得出下一步的学习目标。另外，当墨菲老师的学生被明确告知成功标准是什么时，他们就可以选择能够提升学习的策略——前提是他们已经被明确教授了这些学习策略。

与学生分享成功标准的一个具体例子是单点评估准则，如表4.1所示。

表4.1 单点评估准则示例

有待改善之处	成功标准	超越标准之处
	有效引入主题	
	组合相关联的想法，得出有组织的内容	
	主题基于多个事实、定义和细节	
	利用多个单词和短语将同一类别的信息连接起来	
	强有力的总结性语句或段落	
五年级的写作评估标准		

伍德（Wood）老师与她所教的五年级学生分享单点写作准则，以向学生明确成功标准，从而促进他们自主学习。当单点准则被明

确地展示给学生时，就为学生进行自我评估，以及之后使用元认知策略进行自我导向学习提供了“护栏”。最终，这提高了学生达到明确成功标准的可能性，并增强了学生的学习意愿（倾向）和学习兴奋（动机）。

来自多次课堂走访的数据表明，学生非常善于陈述他们正在学习的内容（即学习计划），却难以描述他们如何得知自己在学习上获得了成功。成功标准的使用可以让学生参与教学计划和教学预测、自主设定目标、共同构建标准，或使用先行组织者①。

成功标准和干预调整

正如上文所提及的，为了发挥高成功率干预措施的潜力，我们必须在正确的时间使用该干预措施。成功标准是与学生行为相联系的，并帮助学生实现可见的学习。因此，墨菲老师学生的例子证明了学习内容须符合学习期望。请大家思考这条成功标准，即“我可以描述艺术作品中的艺术元素和透视技巧”。这句话的动词是“描述”。如果这是期望中学生展示其学习成果的方式，那么他们须学习并使用学习策略，这样才有机会描述。因此，墨菲老师和他的学生可能会利用一些高成功率的干预措施，如总结、思享汇或学生讨论。这些干预措施都能锻炼学生的描述能力。如果墨菲老师决定采用课堂表决器和一系列多项选择题作为干预措施，那么学生可能会喜欢，但最终，他们学会的是辨别而不是描述。这样的结果与成功标准不符，也无法让学生达到当天课程学习的期望。我们都知道，对一个

① 先行组织者是先于学习任务本身呈现的一种引导性材料，它要比原学习任务本身有更高的抽象、概括和包容水平，并且能清晰地与认知结构中原有的观念和新的学习任务关联。

事物进行辨别还是描述，这二者之间存在着很大的不同。如果墨菲老师创建并实施了一项分类任务，让学生将一系列画作按照其特征分为印象派和后印象派，会怎么样？分类的目的同样是辨别。这与明确的成功标准——期望学生对印象派艺术与后印象派艺术进行比较和对比——截然不同。

引人入胜且具有挑战性的真实学习体验，需要一定数量

给学生带来引人入胜的学习体验或布置具有真实性的任务，可以为他们提供相关的学习情境，帮助他们回答“我为什么要学习此内容”。墨菲老师要求学生学习艺术史上两个十分相似的时期——这或许并不能激发班上所有学生的兴趣。这项任务的性质决定了学生的参与度——要么让学生的思维清晰可见，要么无法让学生积极参与。已有大量研究关注如何提高学生对任务价值的感知。埃克尔斯（2005）认为，主观任务价值包含以下4个部分。

1. 趣味性：从参与任务中获得的乐趣。
2. 实用性：任务或活动在实现其他短期或长期目标方面的实用价值。
3. 成就价值：任务和一个人的自我意识以及个人或社会身份之间的联系。
4. 成本：做出某个特定的选择可能会失去的东西，或每个可能的选择带来的负面体验。

这项研究的应用表明，当一项学习体验或任务满足以下标准时，

成功标准明确规定了需要做什么，从而帮助教师和学生选择符合预期和学生认知参与水平的高成功率学习工具。

学生会坚持参与进来：具有明确的期望示例；承担学术风险不会破坏学生的安全感；允许学生的反馈个性化；提供选择和进行社会互动的机会；展现一种新颖而真实的方式来看待课堂内容（安东内蒂和斯蒂斯，2018）。

成功标准明确规定了需要做什么，从而帮助教师和学生选择符合预期和学生认知参与水平的高成功率学习工具。这使我们超越了前几章中分享的干预案例，进入了更广泛的高成功率干预措施数据库。对于所有这些干预措施，时机很重要，成功标准应该反映时机。

通过适应性和补偿性方法进行适应

那么，当学生以如此不同的个性特征、学习倾向和先备知识进入我们的学习环境时，我们如何让所有学生朝着明确的成功标准迈进？这就是差异化教学长期以来一直试图解决的问题。但问题仍然存在：如何在担责制时代进行差异化教学？对所有学生使用基于高期望（即学习计划和成功标准）的适应性和补偿性方法有助于回答这个问题。我们所说的补偿性支持，是指额外提供的支持，用以发挥学生的优势，同时弥补可能妨碍他们学习进步的技能差距。通过补偿性方法，基本学习内容保持不变，而获得和巩固知识的方法因学生的需求不同而有所不同。

一些学生需要额外的适应性支持，以适应或修改他们的学习期望。适应不会大幅改变学生的学习成果，而是旨在帮助学生更有可能获得这些机会。适应可以包括更改测试和评估材料、引入辅助和适应性技术、适应物理环境或信息呈现的方式，以及为了学生的利益而对时间和安排进行调整。另外，修改是更重要的适应方式，包括改变与学生学习期望有关的决定。修改适用于有更严重身体障碍的学生。大多数有身体障碍的学生仅需要进行适应；相比之下，很少有人修改学习期望。因此，适应关乎“怎么做”，即学生以什么方式学习知识并证明其熟练掌握；修改关乎“是什么”，即哪些知识是学生应该学习的，哪些知识是他/她此时不需要掌握的（费舍，2004）。

成功标准为差异化教学提供了起点，以确保所有学生都有平等的路径和机会走向成功。基于高成功率干预措施的特定学习体验或任务可以为学生提供公平的学习机会。墨菲老师希望确保每个学生都有机会成功学会印象派和后印象派的内容。同样，伍德老师希望所有学生都能在写作方面取得成功。为了根据学生的个人特点提供必要的补偿性或适应性方法，我们须从难度和复杂性的角度来看待成功标准和学习体验。

复杂性描述了参与学习体验和完成任务时所需的思维层次。例如，辨别的认知复杂性比异同对比要小。同样地，分析比描述的认知复杂性更高。难度则描述了参与学习体验、完成任务并达到成功标准需要付出多少努力。回答关于某个文本段落的25个问题比回答关于第二章中作者使用象征性表述的一两个问题要难得多。同样，如果不考虑任务的复杂性，解决一个多步骤数学问题比解决30个数学问题的难度要小。最后，与内容、技能和理解有关的任何学生行为都可以用复杂性和难度来描述。例如，一些学习体验可能具有高复杂性，但难度较低，从而促进学生培养元认知。其他学习体验可能具有低复杂性，但难度较高，从而锻炼学生的毅力。但更重要的是，这就是差异化发挥作用之处。

成功标准明确阐述了对所有学生的学习期望，为所有学生设定了期望中的学习任务复杂程度或认知参与水平。因此，为了确保资源获取和学习机会的公平性，我们应该保持复杂性不变。如果墨菲老师希望学生进行比较和对比，那么所有学生都应该参与这项任务，不论他们展现出何种个性特征、学习倾向或技能差距。在保持复杂性不变的同时，我们可以使用补偿性和适应性方法来调整难度级别。让我们看一个墨菲老师使用成功标准的具体例子。墨菲老师利用成功标准中的动词表明了复杂程度：描述、辨别、解释、比较和对比、证明。“我知道我的一些学生在今天的学习过程中需要帮助。有些学生在阅读方面遇到困难，有些学生正在将英语作为第二语言学习，还有两位学生有身体障碍。”

墨菲老师将不得不调整学习体验或学习任务的难度，同时保持其复杂性。他要如何调整学习难度，以确保他想帮助的每位学生都能朝着成功标准迈进？“对于有阅读困难的学生，我提供与印象派和后印象派相关的不同资源。例如，我给他们提供具有不同蓝思[①]值的文本集，给他们提供视听剪辑，也经常给他们提供框架笔记来组织他们的思维。”墨菲老师已经调整了阅读难度，因此，这些学生能够以最高水平的复杂性进入新的学习。

① 蓝思是一种衡量读者阅读水平和标识阅读材料难易程度的阅读标准。

“我为学生提供了不同的辨别、描述、解释、比较和对比，以及证明的方法。他们可以通过口头、书面、电脑、与同学一起或使用图形组织器或概念图来完成这些。”在保持复杂性不变的同时调整难度，不会妨碍学生对印象派和后印象派绘画作品的分析。学生可以通过辅助和适应性技术，或适应他们获取的信息以及获取信息的方式，来展示预期的复杂性水平。最终，实施任何高成功率的干预措施（例如，学生讨论、交互式教学、拼图学习法、词汇计划、刻意练习等）都需要教育工作者考虑补偿性和适应性方法，在学习的复杂性保持不变的条件下，对任务难度进行差异化。这将引导我们进入实施的最后一部分，即我们需要为成功实施创造一个环境。

实施环境中的高质量交付

由于学校和课堂都在实施最适合远程学习环境的教学模式——要么将其作为唯一的教学模式，要么将其与实体课堂教学相结合，实施环境从未像现在这样重要。在这些情形下，质量交付必须考虑学习环境的社会情感层面和身体层面。无论是在科学实验室还是客厅里，在课桌还是沙发上，确保成功实施教学都需要我们重点关注最行之有效的干预措施，然后利用可用的资源将潜能转化为实施。

社会情感。在任何环境中忽略实施的社会情感层面，都会让我们错过一些与学生学习有关的最重要因素。在实体课堂教学和远程课堂教学中，课堂凝聚力、教师声望、学生在学习团体中的参与感以及他们的自我效能感，都要求教育工作者了解学生在课堂上独特的学习倾向，创造一个包容的环境，从而增强他们的学习意愿和学习兴奋。在任何学习环境中，我们实施的干预措施是否被学生所接

在任何学习环境中，我们实施的干预措施是否被学生所接受，在于我们和学生，以及我们和我们设计的学习环境有着哪种联系。

受，在于我们和学生，以及我们和我们设计的学习环境有着哪种联系。

师生关系。师生关系的平均效应量为0.48，表明这个因素对学生的成长和成就有着正向影响。师生关系也会提升我们真正了解学生的能力，让课堂成为一个安全的学习场所，鼓励学生犯错并从错误中学习。除了使用在线学习平台传授内容知识，我们还必须使用其互动功能（例如，聊天室、分组讨论室等），与学生在学习的社会情感层面进行互动。"晨会"可以并且应该成为我们远程课堂教学的一部分，就像早晨这个时间段在实体课堂教学中非常重要一样。与同学和老师的社会互动对于学生远距离建立人际关系至关重要。毕竟，如果一个学生没有与他/她的老师建立起良好的师生关系，那么就更有可能隐藏失误和错误，或更不愿在学习体验或任务中勇于尝试。如果我们不了解学生，就难以识别并实施能够推动他们学习的干预措施。

以教师清晰度为例。尽管学习清晰度要求我们在"学什么""为什么"和"怎么做"方面更加深思熟虑、有计划和有目的，但让学生参与学习的一个关键因素是师生关系。师生关系应该培养、培育和维护一种视失误和错误为学习机会的学习文化；这反过来又鼓励教师和学生做出和接受反馈。同样，没有牢固、积极的师生关系，这是不可能实现的。

当回忆起自己最喜欢的老师时，请想一位在你看来对你的认知、行为和社会情感的发展产生最大影响的老师。这位老师有哪些具体的品格？科尼利厄斯·怀特（Cornelius White，2007）针对以学生为中心的教学进行了元分析，揭示了促进、培养和维护牢固且积极的师生关系时，教师应该具有哪些关键品格。其结论是，关怀、信任和同理心的教师品格可以带来积极的师生关系：

- **关怀**：关怀体现在接受、关爱、无条件尊重学生和对他们的积极关注中。教师必须以可见的方式表现关怀，而不仅仅是有这样的意图。
- **信任**：当学生看到老师相信他们——尤其是在他们遇到难题时，信任就会产生。教师需要期望学生获得成功，并学到值得学习的知识。
- **同理心**：如果老师想要理解学生，就必须站在学生的角度考虑问题。当理解这一点时，老师就能知道提供何种最佳反馈来推动学生取得进步。

这些品格是积极的师生关系的本质，即“学生能看到来自老师的关怀，能感受到来自老师的鼓励和高期望，且知道自己被老师所理解”（哈蒂，2012）。就像墨菲老师所说的，“我爱我的学生，他们也知道这一点。他们明白犯错有助于学习。我希望他们勇于尝试，并在需要帮助时告诉我。这需要我付出努力，但一切都始于信任。他们相信我不会让他们难堪，不会让他们单枪匹马，也不会对他们不闻不问。现在，我会为他们的学习内容增加难度，但他们知道，我会在他们遇到困难的时候站在他们身边”。

墨菲老师指出，在许多情况下，我们必须培养自己建立积极师生关系的品格。与教学的所有其他方面一样，这些技能随着我们应用评估性思维技能而发展壮大。在这种特定的情况下，我们如何在实体课堂教学和远程课堂教学中通过一种强大而积极的方式与学生互动，从而真正了解他们的学习情况呢?

在任何教学环境中，建立和利用师生关系都是一项挑战。随着远程课堂教学的增多，这些关系也变得更加复杂和困难。这些关系的复杂性来自5至18岁学生合作的发展层面。这些关系的难度来自建立界限（比如，"友好"对待学生）。例如，教师必须在保持专业标准的同时，热情对待学生。"你必须更加深入，真正开始围绕学生对理解和接触学习材料的好奇心、兴趣和思维习惯与他们交流，如此一来，才能真正成为一名高效的教师。（斯帕克斯，2019）"在远程学习环境中，我们很容易陷入一种不太正式的互动，忘记了在远程课堂教学中，适当交流的规范和预期与在实体课堂中同样重要。

为了确保成功实施，教育工作者还必须通过环境移情来考虑独特的文化倾向。教师面临的挑战是创造一种环境，使所有学生无论当下处于何种学习阶段，都能感到受欢迎。同样，为所有的互动建立规范，表明这是一个安全的学习场所。除了牢固的、积极的师生关系，教师能培养的最简单、影响力最大的品质就是同理心。充满同理心（从学生的角度看待学习）可以增加学生学到课程之外内容的机会。从教学的角度来看，同理心是师生关系蓬勃发展的原因。同理心增加了教师了解学生文化的机会，反过来也帮助学生了解彼此的文化。除了显而易见的、积极的社会情感学习外，同理心还有助于我们理解学生的观点，从而帮助我们更好地实施真实的、高成功率的干预措施。更多地了解学生的背景，以及他们在课堂上展现的独特知识，将帮助我们有目的地、有意识地和刻意地进一步发展他们的学习技能、学习意愿和学习兴奋。

例如，加拿大各地的教师通过营造充满同理心的氛围，来促进和培养和谐的学习环境。在《联合国原住民权利宣言》（*UNDRIP*）发布后，加拿大真相与和解委员会（2008-2015年）制定了一项计划，旨在让加拿大人更加了解在加拿大历史上，关于原住民所经受的一切的真相。该委员会现在被称为加拿大国家真相与和解中心，旨在积极促进专业学习，让教师了解原住民文化以及探索原住民认知方式的策略。通过积极参与专业的学习体验，教师为学生树立了文化同理心的榜样。随后，教师在学生中培养这种同理心态度，确保所有学生在课堂上感到安全和舒适。利用教职员工的专业学习时间创造了解校园内文化的机会，可以在我们帮助学生学习时提供回报。了解具体的文化倾向及其细微差别，我们就可以针对学生实施更具个性化的教学策略，并构建更具个性化的课程。

每个新学期开始时，教授高中社会研究课程的斯皮拉克（Spilak）老师都会花时间了解学生的文化背景。他在远程教学平台上设置的背景包含了世界各国的国旗，以代表他的课堂涉及过的各种文化背景。"我发现花时间更多地了解班里的学生，可以快速与他们建立联系。"他指出，通过谈论他所处的文化展开对话，学生也可以从作为老师的他身上看到自己的方方面面。斯皮拉克老师通过理解和欢迎在他的课堂中遇到的各种不同背景的学生，确保学生本身成为他关于全球化和意识形态的社会研究课程的焦点。有一点十分明确：如果斯皮拉克老师没有促进和培养这种学习环境，那么任何高成功率的干预措施都可能永远不会获得超出预期的效应量。通过关注学生的学习意愿和学习兴奋，学习体验和教学任务的进行成为教师和学生之间真正的合作。“我的学生登录网站，随时准备学习社会研究的新概念，因为他们乐于在学习新知识时融入先备知识和经验。我们使用谷歌文档和分组讨论室来建立彼此之间合作的行为规范。”学生们指出，斯皮拉克老师注重让他们所有人利用自己的背景知识来学习，这创造了一种使每个学生都想成为其中一员的新环境——有时候，想在高中生当中实现此类壮举是非常困难的。

物理环境。成功的实施取决于有目的的设计，而一个经常被忽视的设计因素是学生学习的物理环境。如果你和你的学生正进行面对面的实体课堂教学，就可以做出对学生学习影响很大的决策。这一点得到了澳大利亚儿童教育和护理质量管理局（2018）的支持，它认为，“物理环境绝不仅是课程的背景，它还是课程或休闲项目中一个必要的组成部分。一个具有丰富的、固有的学习机会的环境也可以让教育工作者自由地与孩子们互动”。物理环境可以促进或阻碍任何学习方式或干预措施的有效实施。教室的设计和布置方式应反映教学策略和干预措施的实施方式。同样，远程教学环境的设置方式也应反映教学策略和干预措施的实施方式。

在面对面的实体课堂教学环境中，教室的布局通常由课程外的其他因素驱动。假设一位教师想使用拼图学习法。这种干预措施的效应量为1.20，有可能加速学生的学习。当然，干预措施的选择应基于学生需要学习的内容（来自诊断和发现阶段）。但是，教室的布局也要有助于成功实施拼图学习法。将学生排成一排，中间用桌子遮挡，将不能促进拼图学习法所带来的深度巩固学习的效果。教师有能力在教室的物理环境方面做出深思熟虑的选择，以增强而不是阻碍实施效果。马拉古奇（Malaguzzi,1984）曾说过，“我们重视空间的重要性，创造一个优美的环境以激发社会、情感和认知学习的潜力。空间是一个水族箱，反映了在其中生活的人们的思想和价值观”。马拉古齐称物理环境为“第三位老师”，前面的第一位和第二位老师分别是成年人和同龄人。我们认为在实施有效教学方面，物理环境与同理心和师生关系同样重要。

例如，韦森特·马古利斯（Vicente Margulies）是一位高中社会研究老师，试图在他的十二年级（高三）课堂中充分利用物理环境。他的整个课程都围绕着意识形态的概念，因此，学生需要理解作为衡量工具的意识形态光谱，根据他们的信仰放置关键的历史人物。在某节课中，马古利斯老师根据学生的信仰和意识形态安排了座位。这节课从直接讲述意识形态光谱的定义开始，包括右翼政治和左翼政治之间的区别。课堂中明确的是，个人可以根据事件有不同的信仰，学生们根据他们认为自己在光谱上的位置来选择座位。随着学期的推进，当学生发现他们的信仰会根据问题的不同而发生变化时，就被移动（也主动移动）到了其他位置。其中有位学生的变化最为明显，他在课程开始时还是左翼经济支持者，但最终成为右翼经济支持者。当被问及该变化时，他说他发现自己更认同资本主义经济信仰。在这一年的课程中，由于物理环境的设计，学生不断根据课堂上提出的问题对自己的意识形态进行自我评估。物理环境提供了一种媒介，学生可以在其中实时体验意识形态衡量带来的影响。在这个具体案例中，物理空间是专门为实施教学设计的。

物理环境有很多需要考虑的因素。例如，刺眼的灯光和巨大的噪声——如椅子擦过地面的声音可能会干扰学生的注意力。如果课桌阻碍了老师在教室里轻松走动，一些学生可能难以与老师进行单独互动，那么，老师可能很难发现他们的错误。例如，如果有一个教室图书馆，这一空间旨在向学生传达阅读的重要性，并且学生可以在这里寻找他们想要阅读的书籍。墙壁也能帮助学生学习。在一些教室里，墙壁是普通的，没有任何装饰物，这或许会增添无聊的氛围。在另一些教室中，墙壁上挂满了装饰物，导致学生分心。绝对正确的物理环境布置方式是不存在的，但教师可以考虑一些指导原则：

- 为计划中的干预措施留出空间。如果学生需要与同学讨论，确保环境允许；如果学生需要实验室空间，为此做好计划；如果学生需要安静的个人学习空间，为此做好安排。
- 减少“教师专用”空间，将更多的学习环境用于促进学习任务和活动。
- 将墙壁视为学习环境的一部分。它们不应该分散学生的注意力，但可以作为教学资源。例如，用于教授词汇的单词墙可能对学习有利，而褪色的激励海报可能不利于学习。
- 意识到一些学生需要能看到教室出口。不要在视觉上或物理上堵住出口，因为这可能会对学生带来威胁，特别是那些经历过创伤的学生。
- 一般来说，要避免使用太过鲜艳的颜色，因为它们可能会导致紧张和焦虑。淡色、中性色和大地色通常更好。
- 监测产生噪声的区域或行为，并尽量减少噪声带来的影响。

就像一般意义上的教学工具和教学过程一样，我们没有一种绝对正确的方法来确保环境有利于学习。我们在这里的重点是确保教室环境有利于我们实施所选定的教学干预措施。到目前为止，我们主要关注的是物理环境，但在线、远程和混合式学习环境同样可以促进或阻碍学习。当学生进入虚拟学习空间时，他们应该感到舒适。老师应该和他们打招呼。学习网址应该是事先定好的。学习期望应该是明确的。他们进入的每个在线“房间”都应该明确呈现学习的方式。本章讨论的许多指导方针也适用于虚拟和远程学习。明亮的颜色和嘈杂的噪声可能不是一个好的选择，而明确的任务方向是一个更好的主意。在计划远程学习或分散学习时，教师需要考虑学习体验以及这种学习体验向学生传达了什么。表4.2包含了一些用于处理实体教室或远程学习空间的想法。在远程学习空间中，我们必须与学生合作，帮助他们为自己的学习创建最佳的物理环境。这也将使

表4.2　处理你的教学空间

目的	处理方法
增加移动	实体课堂教学：在旧桌子上加装轮子。 远程课堂教学：鼓励学生找到一个可以站在电脑前并四处走动的地方；将运动融入我们的学习体验中
减少噪声	实体课堂教学：在椅腿上加上网球。 远程课堂教学：与学生集思广益，找出学习空间中最有可能无噪声的位置；在教学时，尽可能减少自己这边的噪声，并使用高质量的麦克风
改善照明	实体课堂教学：添加调光器开关和小灯泡，照亮学习环境。 远程课堂教学：建议学生在可能的情况下整理窗帘或添加照明。作为教师，我们应该确保灯光能够让学生看到我们和屏幕上共享的内容

续表

目的	处理方法
提高视觉趣味性	实体课堂教学：通过组织材料来增加积极的信息并减少混乱。 远程课堂教学：作为教师，我们应该确保使用高质量的视觉效果，减少屏幕上的文字数量
将自然引入课堂	实体课堂教学：添加植物、水景、美丽风景的图片和自然界图像（例如，动物，天气，花卉）。 远程课堂教学：作为教师，我们可以使用一些具体的例子或来自家里的物品告诉学生我们是谁（例如，家庭照片、宠物照片或与当天课程相关的物品）
建立一个庇护所	实体课堂教学：使用软垫椅或豆袋椅，并在空间里放满学生可以抱住的东西，比如枕头或其他柔软的物体。 远程课堂教学：当学生需要远离电脑时，为他们提供一些交流方式；明确教学策略，并为他们离开电脑前去往别处时制定一个教学计划

我们能够建立一种积极的师生关系，鼓励学生自我反思、自我监督和自我评估学习环境。与学生讨论如何设置远程学习环境，是一个建立关怀、信任和同理心的好方法。

培养鼓励犯错的环境

正如我们在第一章中指出的，教育工作者在建立学习环境时所做的决策由特定的思维框架驱动。一个允许失误和错误存在的环境与前文第9种思维模式是一致的：我建立起与学生的关系和信任，这样学习就可以在一个鼓励犯错和向他人学习的安全环境中发生了。在建立牢固、积极的师生关系方面，这种思维模式是十分重要的，它可以让教师了解学生，了解他们的学习倾向、个性特征以及他们在哪里可以获得学习机会。这些关系奠定了我们培养一种学习环境的基础——在这种环境中，失误和错误不被视为缺陷，而是学习的机会。我们承认，这说起来容易做起来难。在作为一名学习者和一名“好学生”意味着什么这一方面，学生的预期和先前概念会阻碍他们看到失误和错误对他们的学习有价值。作为一名教师，我们能做的最谦卑也最具自我反思性质的任务之一，就是在当下，乃至整个学年采访我们的学生。带着评估性思维，简单地询问学生：在当下的学习环境中，好学生的定义是什么？

太多学生认为“好学生”知道问题的答案，“好学生”安静地坐着，完成指定任务，并准时到达教室（或登录课程）。事实上，这是一项针对800多名学生的采访中最常见的回答。我们的优先任务之一就是打破学生对“好学生”的定义。在一定程度上，我们希望学生能够理解，好学生从错误中学习。博勒（2016）通过对数学学习心态的研究，提出了以下3种策略来鼓励学生欢迎他们在学习时所犯的错误：

1. 通过公开谈论犯错对学习很重要的原因，来鼓励学生爱上犯错。这不仅会引导其他学生发表自己的观点，而且这些时刻对所有学生来说都是学习的机会。
2. 不要只赞扬犯错，还要谈论为什么它们对学习很重要。这种策略的一个例子是，基于我们大脑编码信息的方式，明确告诉学生失误和犯错如何促进他们更好地学习。
3. 为学生提供允许不同方法和观点出现的学习体验和任务。这实际上为更多的错误打开了大门，并成为“我们在这门课程中的行事方式”。

利娅·阿卡拉（Leah Acala）是一位中学数学老师，她已经找到了将这3种策略整合到教学中的方法。她使用了一种技巧，叫作“我最喜欢的‘否’”。在这个活动中，她向学生提出了一个可以通过多种方法解决的问题。她的学生独立回答问题，而不需要在她提供的索引卡上写自己的名字。阿卡拉老师在教室里走动，计算学生解决问题的速度。她问自己：谁需要更多的时间？谁遇到困难了？谁擅长解决这种问题？

过了一会儿，阿卡拉老师宣布时间到了，并提供了问题的“最终答案”。然后，她要求学生坐在教室前的地板上，把自己的索引卡放入三堆中的一堆。这三堆分别为：“是。正确且确定”“是。正确，但不确定”以及“否。需要一些反馈”。

为了维护一个重视失误和错误的环境，阿卡拉老师从“否。需要一些反馈”中选择了一个答案。她解释说，这是一个错误的答案，但部分元素位于“正确的方向”。然后，她将这个答案抄写在一张新的索引卡上，并放置在投影仪下。她让学生们围绕这一答案中的正确步骤展开讨论。几分钟后，她让全班同学对该步骤的下一步提出建议。在“我最喜欢的‘否’”的讨论过程中，阿卡拉老师指出这个活动帮助所有学生在犯错中成长。正如她所说，“我的所有学生都非常积极。他们感到自己并没有因为犯错而受到惩罚，并且得到了同学的支持。事实上，他们经常要求选择自己的‘否。需要一些反馈’来进行讨论”。

阿卡拉老师的学生萨曼莎（Samantha）说：“我喜欢我的‘否’被选中。我知道我犯了错误，并真的很想知道下次该怎么做。”阿卡拉老师说：“听到他们提问，并得知他们期望得到反馈，我感到非常欣慰。当我们定期这样做时，我就可以听到他们的想法，不再对他们所不知道的事感到惊讶。他们也不会为自己所不知道的事感到惊讶。这是应该的。这会产生更多关于我们需要做什么来满足他们学习需求的对话。”

想要在远程学习环境中进行同样的活动，可以通过文档和投票（例如使用 Mentimeter）来实现。

当然，实施不仅仅是选择效应量大的干预措施并应用在课程计划中，也不仅仅是DIIE模型中的第3个步骤。此时，你可能已经看到了模型中各个部分之间的关系。诊断和发现学生所处的学习阶段是首先呈现的。这让我们识别和思考干预措施，并根据学生的学习技能、学习意愿和学习兴奋选择其中一部分干预措施。实施要求我们采用每一个高成功率的干预措施，并根据学习环境的不同，对干预措施进行调整。在很多方面，实施要求教师做出深思熟虑和精确的选择，使实施具有连贯性。我们可以通过以下方式实现这一目标：

实施要求我们采用每一个高成功率的干预措施，并根据学习环境的不同，对干预措施进行调整。

- 将我们基于标准的学习期望转化为明确的学习

计划和成功标准：这些内容应该用学生友好的语言表达，从而吸引他们进行自主学习。

- 使用成功标准作为设计学习体验和任务的“护栏”，并嵌入高成功率的干预措施。例如，互惠教学不是学习。互惠教学是一种干预措施，通过总结、提问、澄清和预测，帮助学生加深对内容的学习和理解。干预措施是一种工具。
- 使学习体验或任务差异化，以确保所有学生都有平等的学习机会：这涉及通过补偿性和适应性方法，在复杂性保持不变的情况下，对难度进行差异化。这确保所有学生都在朝着明确的成功标准前进。
- 通过牢固的、积极的师生关系创建一个促进干预措施实施的教学环境：这建立在关怀、信任和同理心的基础上，此外，我们还需考虑物理环境。学生必须感受到自己是学习团体中的重要一员。这从我们开始！

DIIE模型的下一部分侧重于产生影响。如果诊断是正确的，干预措施是合适的，实施是成功的，那么对学生的学习产生影响应该是有把握的。但是，我们不能让这变成碰运气的事情。通过设计实现卓越教学要求我们提出这样一个问题：我们对学生的学习产生影响了吗？让我们把注意力转向评估我们对学生学习产生的影响。

第五章

评估教学成果，确定下一阶段教学方向

EVALUATION

“

评估不是终点，而是决策下一阶段学习方向的起点。

”

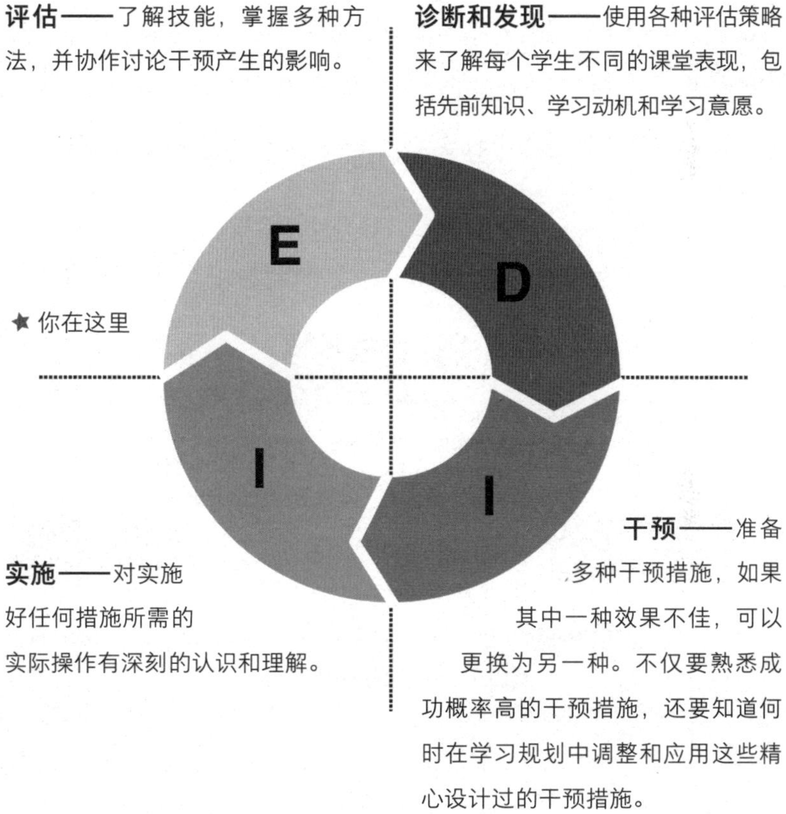

图5.1　DIIE模型

DIIE模型，即通过设计实现卓越教学，其最后一个部分是评估。评估要求我们知悉并运用特定技巧来确定我们对学生学习产生的影响。在课上和课后都采用多种评估方法才能实现良好的评估。实施最行之有效的方法后，我们就可以拿出从学生那里收集来的强有力证据，自信满满地回答这一问题：实施最行之有效的方法是否改善了学生学习？

如果不去收集学习证据，并通过评估这些证据来确定我们对学生学习带来的影响，就会让教学变成碰运气的事情。评估使我们能够确定我们的干预措施对学生学习的影响程度，有了这一信息，我们就能够决定学生下一阶段的学习方向。DIIE模型的这一步骤包括规划评估、解读实施过程中收集到的证据，并运用这些证据来决定下一阶段的教学方向（见图5.2）。

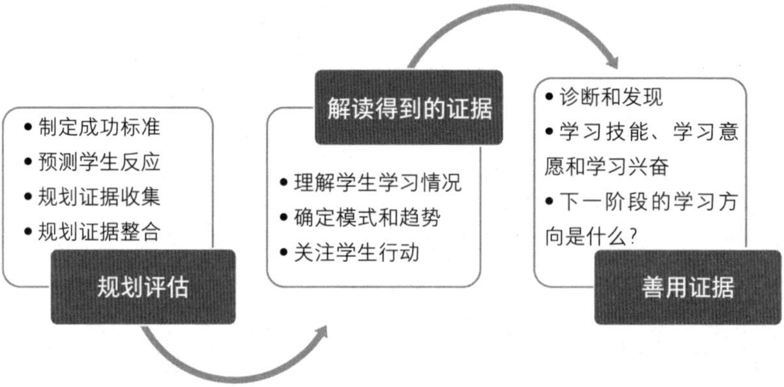

图5.2　评估的关键部分

哈鲁夫（Harouff）老师教授八年级数学，她定期反思自己的教学决策。她致力于实现这三点之间的理想平衡：概念理解、功能性知识以及将已学会的概念和思考迁移到新问题上。“这是相当大的挑战，但值得我们为之付出心血。我必须监督学生对数学概念的思考，以避免他们对某些解题步骤（比如运算顺序）产生误解。然后，我想确保他们能恰当运用解题思路，同样避免产生误解。我经常与学生交流，让他们理清自己的思路。我也经常和同事谈论学生的思维，他们常常能让我深入了解学生的数学思维方式。”

评估使我们能够确定我们的干预措施对学生学习的影响程度，有了这一信息，我们就能够决定下一阶段的学习方向。

哈鲁夫老师认为自己是以“监督员”的角色帮助学生学习的。换言之，她对评估的看法表明这是一个持续的过程，使她能够定期深入了解学生思维。“当学生们在解决问题或交流想法时，我总是在观察和倾听，并以此确定推进他们下一阶段的学习需要我提供怎样的帮助。我还希望学生能够使用从自己身上发现的证据，并调整自己的学习方法。”她在评估方面有着更为广泛的思维，认为评估不只是单元测验或考试。评估不是终点，而是决策下一阶段学习方向的起点。

评估不是终点，而是决策下一阶段学习方向的起点。

更广泛的评估视野

作为教师，我们必须平衡教学中各种错综复杂的事务。例如，哈鲁夫老师必须管理学习环境的后勤工作（例如，学生到课率、能否联网上课、教材和物料），同时解决学生和同事的突发情况（例如，需要就医或者网课通信系统忽然失灵）。诊断和发现、干预、实施最行之有效的方法并没有涵盖上述工作和突发情况。评估我们对学生学习产生的影响不是件容易的事。然而，倘若我们的评估视野更加广泛，不局限于某次测试，而是涵盖至一周、一个单元乃至一个学期结束时，就能使评估贯穿教学的各个环节。换言之，评估自然而然地融入了我们的教学行为。要了解我们产生的影响，必须利用对学习过程的评估、为了促进学习而进行的评估，以及对学习情况的评估。

每一次学习体验或任务都给我们洞察学生的思维和学习情况提供了机会。回想一下第三章中的两个高成功率干预措施：总结归纳（效应量0.74）和详细询问（效应量0.56）。这两种干预措施具有双重目的。其一，它们都能通过让学生监督和批判性地思考自己对知识的理解情况，来加速他们的学习。其二，当学生总结并回答与“为什么”相关的问题时，他们的思维便清晰可见了，可让我们进行评估。对学生来说，评估是他们的学习内容；对我们教师来说，评估是促进学生学习的途径。在这种情况下，针对我们产生的影响的评估便融入了当天的教学，而非成为独立的、单独留出时间进行的随堂测验、测试或考试。尽管这类评估也占有一席之地，但它们有一定局限性：无法帮助教师在教学过程中及时做出决定。本章最后将详述对学习情况的评估。先让我们了解对学习过程的评估和为了促进学习而进行的评估。

要运用不同的评估方法，我们必须摒弃旧的观念，即评估是线性的——先教再测，再教再测，这样循环往复。教学其实更加灵活多变，这点在培养学习技能、学习意愿和学习兴奋的学习环境中尤其如此。回想一下前文的内容，你会发现培养学习技能、学习意愿和学习兴奋也并非一个线性过程。如果培养学习技能、学习意愿和学习兴奋是没有固定形式的，那么对学习过程的评估、为了促进学习而进行的评估以及对学习情况的评估也不必遵循固定形式。有时我们的评估会注重对学习技能的培养，有时则注重对学习意愿的培养，这是没问题的。但应当注意的是，这3个方面需要平衡发展，我们的重点是学习过程，而不仅仅是学习结果。此外，不可孤立地进行评估，而应当通过我们与同事和学生之间的协同会话完成评估。

教育工作者必须持之以恒地将评估融入教学之中，这样才能客观地评估其实施过程产生的影响，并以此做出相应决策。

教育工作者必须持之以恒地将评估融入教学之中，这样才能客观地评估其实施过程产生的影响，并以此做出相应决策。

规划评估

良好的评估从规划评估开始。规划评估需要重新审视DIIE模型的前3个部分，需要我们清楚地了解以下方面：对学生成功的期望、一个收集学习证据的系统，以及利用我们在学科内容和教学方面的先前经验收集到的有关常见错误和误解的信息。

成功标准与评估。成功标准阐明了学生必须拿出什么证据来证明他们正朝着学习目标一步一步前进（安斯沃思和多诺霍，2019）。这些强有力的成功标准除了确保教育工作者能够选择合适的干预措施、引导学生行为更具有目标导向性外，还能指导他们发展对学习过程的评估和为了促进学习而进行的评估。可以参考一下菲茨杰拉德

（Fitzgerald）老师化学课上的成功标准：

- 我可以解释清楚如何配平化学方程式。
- 我可以预测不同化学反应的产物。
- 我可以证明我的预测准确无误。
- 我可以比较和对比化合反应、分解反应、置换反应、复分解反应和燃烧反应的产物。

以上4条成功标准中的动词清楚地说明了学生如何展现其学习成果。这些标准还能指导我们收集相关证据，以此来评估我们产生的影响。这些评估需要提供机会让学生来解释、预测、证明、比较和对比。在规划评估的时候，我们首先要考虑的是与学生明确分享成功标准。菲茨杰拉德老师用的是“我可以”这样的陈述，但这同样适用于探索过程、评估准则、学生作业实例、榜样及展示。学生能否展示其探索过程，能否将自己的作业提升到范例作业的水平，并从课堂展示中迁移学习？由此开始，我们采用这些标准，并刻意规划对学习过程的评估和为了促进学习而进行的评估。

评估的一个基本特征在于学生和老师都能积极地、持续地监督学生的学习情况，利用旨在收集证据的特定策略。

规划证据收集。检查学生对学习内容的理解情况能够为收集证据提供机会，用以规划对我们产生的影响的评估。检查学生对学习内容的理解情况是一种系统性方法，能根据学生的反馈来监督并相应地调整教学。评估的一个基本特征在于学生和老师都能积极地、持续地监督学生的学习情况，利用旨在收集证据的特定策略。对学生理解情况的检查包括复杂性、强度以及他们让自己的思维清晰可见的方法。例如，根据成功标准的不同，可以以书面形式、口头形式或者动觉形式对学生的理解情况进行检查。我们越直接、越迅速地获取必要的证据，就越好。

让我们回到菲茨杰拉德老师的课堂上，她和同事规划了一套方案用来收集符合“我可以”陈述的证据。她表示：“我们切切实实、费心费力地思索如何在课堂上评估学生对学习内容的理解情况，而这正是我们做规划时交流的核心要点。”表5.1展示了这项规划的大致情况。

表5.1　一个规划证据收集的案例

成功标准	如何收集证据
我可以解释清楚如何配平化学方程式	学生需要互相配合，每组学生都会被分配一个密封袋，里面是写有化学方程式的纸条。然后学生从中抽出若干纸条，轮流解释如何配平方程式，搭档之间相互反馈、相互帮助
我可以预测不同化学反应的产物	各种活动包括：通过演示每种化学反应来进行思享汇；在直接教学中，使用实例提问学生；运用课本实例指导练习；下课前用课堂表决器进行课堂反馈
我可以证明我的预测准确无误	让学生打一分钟草稿，然后让他们转向同桌，交流对化学反应的产物的预测
我可以比较和对比化合反应、分解反应、置换反应、复分解反应和燃烧反应的产物	各种活动包括：在直接教学中，通过对比案例来确定基本特征；要求学生独立地对不同的反应进行分类，并标明缘由；用拼图学习法确定每种类型的化学反应的基本特征，然后构建一个概念图

资料来源：改编自 Sweeney, D., & Harris, L. S. (2016). *Student-centered coaching: The moves*. Thousand Oaks, CA: Corwin.

菲茨杰拉德老师和同事准备了多种方法用于收集有关学生学习的证据。此外，这使得她能够将评估融入她决定实施的干预措施中。“我想监控他们的学习进度，这样就能及时提供反馈或调整最初的计划。此外，我的很多评估要求学生彼此互动。我一直在观察他们如何学习以及如何让学习变得有意义，同时还有他们之间的相处情况。”这句话反映了菲茨杰拉德老师的计划是去评估学生的学习技能、学习意愿以及学习兴奋。通过对证据的收集做出规划，菲茨杰拉德老师能够评估学生们在课堂上的学习倾向以及学习动机。

规划证据整合。除了规划需要收集哪些证据之外，我们还须开发收集和组织证据的方法。获取证据的方法包括收集课前小测结果、课堂反馈或学生的作业等。此外，我们还需要一种组织证据的方法，以此来理解学生的反应。除了收集到的实体学生作业，多交流、多互动和多一起活动也能用于确定教师产生的影响。

菲茨杰拉德老师描述了找到一种方法来掌握学生当前学习情况的重要性。“当学生在实验室做实验、参与讨论或配平方程式时，我要确保自己快速记下所见所闻，以便在之后或次日的教学中参考这些证据。上课时，我会把笔记本放在身边。”我们看了一下笔记，发现菲茨杰拉德老师仍然关注成功标准，但拓宽了评估视野，不仅仅是通过学生的课前小测和课堂反馈来获取他们的学习情况（见表5.2）。“当观察到学生参与学术讨论并和同学合作时，我能感受到他们的投入，以及他们是否看到了我们在课堂上所做的事情的价值。”

当我们通过所见所闻来收集证据时，就能深入洞悉学生的理解情况、学习倾向和学习动机。而单单通过作业收集证据，我们的评估就局限于作业完成情况，仅此而已。

预测学生反应。规划评估的最后一个方面涉及教师反思自己掌握的学科知识和教育学知识。菲茨杰拉德老师执教6年之久，开发了与化学反应产物相关的专业知识，以及向学生传授这些复杂知识的方法。

表5.2　证据收集笔记的模板

成功标准	观察到学生所做的	听到学生所说的	看到学生所写的
我可以解释清楚如何配平化学方程式			
我可以预测不同化学反应的产物			
我可以证明我的预测准确无误			
我可以比较和对比化合反应、分解反应、置换反应、复分解反应和燃烧反应的产物			

资料来源：改编自Sweeney, D., & Harris, L. S. (2016). *Student-centered coaching: The moves*. Thousand Oaks, CA: Corwin.

“有了先前的教学经验，我可以回顾一下，看看学生在预测化学反应的产物时可能会遇到什么困难。尽管我每年都会做出些调整来应对这些学生可能遇到的潜在困难，也仍然会花时间预测学生在哪些方面可能会需要额外的帮助，或者会卡在哪个课题上。”我们需要在备课时花时间思考学生会如何对待当天的学习体验或作业。学生根据我们的诊断和发现来预测学生在进行学习体验或完成任务时的反应，将帮助我们聚焦于最相关的证据，以评估我们对学生学习产生的影响。

可能会对所学内容产生哪些误解？初始评估告诉了我哪些关于学生的信息？根据我们的诊断和发现来预测学生在进行学习体验或完成任务时的反应，将帮助我们聚焦于最相关的证据，以评估我们对学生学习产生的影响。但有必要提个醒。预测学生反应需要基于趋势、模式和对既定误解的研究。最后，学生的学习方法总是会让我们感到惊讶。因此，我们应该预料到他们会带来意想不到的反馈。

评估证据

评估证据能指导我们决定下一阶段的教学工作。我们通过关注学生的行为来评估证据，而这些行为反映了他们对与我们的学习计划和成功标准相关的内容和技能的理解情况。让我们回顾一下第二章中阐述过的教师关注。正如初始评估能帮助我们诊断并发现学生的学习起点一样，对学习过程的评估、为了促进学习而进行的评估以及对学习情况的评估也能帮助我们评估实施过程是否成功。这些类型的评估（将在后续内容中介绍）帮助我们确定自己在实施最行之有效的干预措施方面获得了何种程度的成功。从这些收集、整合的证据中，我们必须辨别、意识到和理解学生当前所处的学习阶段，理解它们与我们决定实施的干预措施之间的关系，然后决定下一阶段的教学工作。让我们来看看在菲茨杰拉德老师的化学课堂上，一些学生提供的证据。

在接下来的讨论中，为了阐明一个与评估相关的重要观点，我们将首次把重心放在特定学生身上。评估将我们的关注点放在学生学习技能、学习意愿和学习兴奋的提升上，以此作为我们的教学结果。知晓如何去实施最行之有效的干预措施的教师清楚学生是否在学习，以及学生下一阶段的学习方向是什么。这种知晓方式的基础便是对证据的评估。

评估将我们的关注点放在学生学习技能、学习意愿和学习兴奋的进步上，以此作为我们的教学结果。

下面我们将看到两位学生——扎维亚（Zavian）和米凯拉（Mikayla）的学习进展相关证据。应该基于两人当前的思维（学习技能）、学习倾向（学习意愿）以及学习动机（学习兴奋）来评估这些证据。例如，当两位同学就化学反应的产物进行讨论时，菲茨杰拉德老师指出，“他们总是来回核对化学反应的类型，我就知道了他们对各类化学反应的基本特征还不太清楚。他们思考了很多，但又解释不清楚反应物和化学反应类型之间的关系”。表5.3列出了菲茨杰拉德老师评估学生思维时所考量的问题。

表5.3 评估学习技能时考量的问题

序号	问题
1	学生是否以单一的想法或单一的思考方式参与学习体验或学习任务，从而忽视了该项体验或任务的其他学习层面？
2	学生是否使用了多种想法，但未能看见其中的联系？
3	学生是否看到了不同概念、技能以及其他内容之间的联系？
4	学生是否将想法运用于不同情境？

菲茨杰拉德老师认识到，她将自己所观察到的、所听到的以及所看到的记录下来，可作为证据，判断两位学生在达到当天成功标准方面的进展。确定下一步的学习方向需要引导学生发现不同概念、技能以及其他内容之间的关系。换句话说，我们的目标应该是将学生的学习技能提升到一个新的高度，同时让他们保持学习意愿和学习兴奋。

还有两个学生，玛丽亚（Mariah）和雅各布（Jacob），探讨了如何设定学习目标。我们可以听到玛丽亚对雅各布说，“我们得多花点时间确保我们复习到了所有反应类型的基本特征，并且能够解释清楚为什么这些反应物会发生这样的化学反应。这样就容易多了”。这让菲茨杰拉德老师非常高兴，“这两个学生受到了未知知识的驱动，培养了自我导向的目标，来缩小与未知知识之间的差距”。这似乎与班上的一些其他学生不同，他们只会简单地举手，并立刻寻求老师的帮助。认识到学生之间存在这种差异是很有价值的——当学生向我们展示他们的学习倾向和学习动机时，可以以此作为他们学习意愿和学习兴奋的证据。我们还必须承认，我们所观察到的、所听到的以及所看到的正是学习意愿和学习兴奋的佐证。表5.4列出了菲茨杰拉德老师评估学生学习意愿和学习兴奋时所考量的问题。

表5.4　评估学习意愿和学习兴奋时所考量的问题

序号	问题
1	学生是否认识到自己当前所处学习阶段和他们的目标之间存在的差距?
2	学生是否设定了目标来缩小差距?
3	学生是否运用了学习策略来缩小差距?
4	学生是否对其在缩小差距方面取得的进展进行了自我评估?

下一步涉及推动学生设定学习目标、运用学习策略并进行自我评估。我们应该致力于将学生的学习意愿和学习兴奋提升到一个新的高度。

我们能从所有学生身上找到学习的证据。为确保所有学生都能公平地获取资源并有机会接触到最深奥的知识，我们还必须确保评估规划涵盖了所有学生。审视学习环境时，菲茨杰拉德老师会检查每个学生的理解情况，以确保自己知悉每个学生在实现当天成功标准的过程中处于什么阶段。菲茨杰拉德老师也开始从她所有学生的学习结果中看出趋势或模式——这些学习结果能使学习技能、学习意愿和学习兴奋清晰可见。菲茨杰拉德老师对于证据收集和整合的规划加深了她对所有学生的认识。“在课堂上，当对这部分内容的教学开始几分钟后，我注意到我无法获得乔希（Josh）和布鲁克（Brook）在想什么的证据。有的学生早早完成了任务，看似掌握了知识点或者可能会让我以为他们掌握了知识点，而规划如何去监督学习保证了我不会忽视这种情况。”实施最行之有效的干预措施应当适用于每一位学生。

课后测试在评估中的作用

课后测试是对学习成果的评估，在评估我们所产生的影响方面也有着重要作用。如果学习是为了进步，那么课后测试或总结性评估能够帮助我们衡量随着时间的推移我们所产生的影响。为了解进步情况，教师必须采用一种评估方式，该评估方式会再次衡量初始评估中衡量过的学科内容、学习技能和理解情况。例如，在一堂中学英语课上，迪克森（Dixon）老师不会要求学生重写同一篇议论文来展现其取得的进步。此外，单纯检查学生的理解情况，将无法促使学生通过构思并撰写一篇议论文来将其所学的知识联系起来。相反，她要求学生在不同的作文题目上运用相同的技巧和理解。虽然有时使用相同的课前摸底和课后测试是合适的，但这不是评估学生进步所必需的。

评估学习结果所产生的学习证据可以通过效应量大小来展现。就像可见的学习数据库一样，我们可以使用初始评估和课后测试来计算各个学生的效应量大小，然后计算各组学生（例如，全班或全年级）的效应量大小。有了课前摸底和课后测试的数据，就可以确定效应量大小。然而，对学习情况的评估和对学习过程的评估以及为了促进学习而进行的评估在这方面大同小异——这些评估所产生的证据没有计算出的效应量那么重要。对效应量的评估有助于我们决定学生下一阶段的学习方向。迪克森老师花了大量时间来评估课后测试所产生的证据。“我不单想看看我是否对学生的进步产生了影响，还想确保我对他们的理解程度的检查和课后测试反映出了与他们的真实情况一致的信息。谁在初始评估和课后测试之间取得了显著进步？谁没有取得显著进步？这与对他们的理解程度的检查是否一致？”像迪克森老师一样，任何通过观察学生所取得的进步来衡量自己所产生的影响的教师，都可以有意识地就下一阶段的学习方向做出目的性决策。

任何通过观察学生所取得的进步来衡量自己所产生影响的教师，都可以有意识地就下一阶段的学习方向做出目的性决策。

从课后测试中收集证据

教师可以通过计算全班学生或某个学生的效应量大小，来确定其教学对学生的学习所产生的影响。整个班级的学习情况评估标准可以和研究人员的标准一致：效应量至少达到0.40。计算效应量的过程相当简单。对迪克森老师来说，当学生上交作文时，她感兴趣的是衡量整个班级在写作方面的进步和学生个人写作水平的提升。表5.5列出了依据该校所在学区通用写作标准打出的作文分数。迪克森老师采用了总分7分的评估标准，这样就能确保其教学目的和成功标准符合学生未来在中学英语和写作课上的经历。该评估标准包括了对议论文写作要素的描述。

表5.5　学生作文分数

姓名	课前摸底	课后测试	个体效应量
雅各布	3.5*	4.5	1.13
琳赛	2.5	3	0.56
迈克	4	4.5	0.56
达伦	4	5.5	1.69
利娅	3.5	5	1.69
马特乌斯	4	6	2.26
莉迪娅	4	5	1.13
卡门	5	6	1.13
卡莉	4	3.5	－0.56
伊格纳西奥	4	4.5	0.56
贾斯敏	3.5	5	1.69
埃米	1.5	1.5	0.00
莎琳	3	3.5	0.56
克里斯	3.5	5	1.69
伊夫林	5	5.5	0.56
布莱尔	3.5	4	0.56
科特妮	3	4	1.13
德克斯特	4.5	5.5	1.13
凯伦	3.5	5	1.69
布鲁诺	3.5	3	－0.56
安娜	3.5	5	1.69
达娜	4	5	1.13
玛雅	5	5.5	0.56
弗朗西斯	4.5	6	1.69
克里斯汀	4	6	2.26
杰瑞德	3	5	2.26
丹妮卡	3.5	4	0.56
布罗迪	4.5	5.5	1.13
艾德里安	4	5	1.13

续表

姓名	课前摸底	课后测试	个体效应量
蒂姆	3	4	1.13
安东尼	4	5	1.13
班级平均分	3.74	4.69	
本次测试全班分数标准差	0.74	1.03	
平均标准差	0.89		
平均效应量	1.08		

* 单位：分。下同

要计算效应量，首先要算出课前摸底的平均分和课后测试的平均分。Excel这样的在线工具能很轻松地胜任这项工作。以下是相关步骤：

1. 在一列中键入学生姓名。
2. 在其他列中键入这名学生的课前摸底和课后测试的分数。
3. 选中所有学生课前摸底成绩，使用“平均值”公式，自动在课前摸底列的底部单元格生成平均分。
4. 重复该步骤，计算课后测试平均分。

确定效应量大小的下一步是计算标准差。Excel也能做到这一点：

1. 在平均分下面的单元格中键入公式“=STDEV.P”，然后选中课前摸底这一列中的学生成绩。
2. 重复该步骤，计算课后测试分数标准差。

3. 用课后测试成绩减去课前摸底成绩，再除以标准差，就可得出效应量。

公式如下：

效应量=（课后测试平均分－课前摸底平均分）/平均分标准差

迪克森老师的学生课前摸底平均分为3.74分。经过两周的议论文教学，他们的平均分提升至4.69分。要确定教学带来的影响程度，迪克森老师不单单要看到基于评估标准的学生表现的变化。平均分的提升并不能提供必要证据，帮助她辨别、意识到和理解学生当前所处的学习阶段、理解这与她决定实施的干预措施之间的关系，以及决定下一阶段的学习方向。这便需要通过效应量看到学生的相对进步。用Excel计算出的效应量为1.08，远超本书前言部分提及的0.40这一标准。迪克森老师现在掌握的证据表明，她实施最行之有效的干预措施的确提升了学生的整体学习情况。一旦迪克森老师掌握了全班的平均效应量，她就能计算每个学生的效应量。这样她就能审视每个学生写作水平的进步情况，且关注所有学生的学习进步趋势或模式。合理运用效应量增进了她对全体学生的认识。

评估从课后测试中收集的证据

评估从学习结果考量中收集的证据可以看出学生的进步。然而，在问责制时代，忽略成绩是不现实的。从学生进步的角度来评估证据更有助于我们在“什么措施最行之有效、学生当前所处学习阶段和下一阶段的学习方向”方面做出决策。对于迪克森老师而言，“我想确保所有学生都有所进步。有的学生在一开始就具备写作的技能和动机。但是，我仍需要促进他们成长”。有的学生成绩已经达标，但没有像其他学生一样展现出进步。迪克森老师不会忽视这些学生，由此她可以进一步评估自己产生的影响。“成绩不错的学生容易遭到忽视，在这种情况下，我无法提升他们的学习。”迪克森老师的说法是正确的，在大多数学校里，我们评估自己产生的影响时没有考虑到这些成绩较好的学生。如果不能同时评估进步和成绩方面的证据，我们就无法提升所有学生的学习。使进步和成绩之间的关系可视化的一个方法就是构建一个四象限网格（见图5.3）。

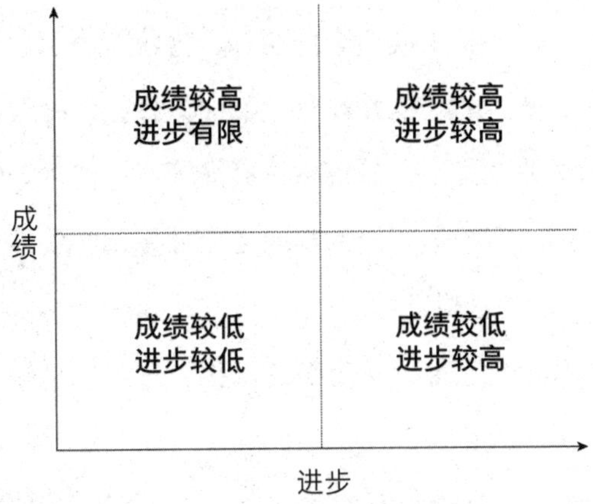

图5.3　进步/成绩网格

学生的进步程度从左到右排列，而总体成绩水平从上到下排列。横轴从右至左表示进步大小，纵轴从上往下表示成绩高低。当然，这需要我们利用初始评估来诊断和发现学生最初的学习情况，并进行课后测试。右上角的象限表示学生进步显著，成绩达到乃至超过标准。对于菲茨杰拉德老师和迪克森老师而言，这就是她们对学生学习产生影响的证据；她们实施了最行之有效的干预措施，并且学生在高水平上学习。左上角的象限则表示学生成绩达到乃至超过标准，但进步有限。因此，我们没有在该类学生身上产生可衡量的影响。例如，这可能就是迪克森老师在上一段中提到的让她担心的学生。

而左下和右下两个象限也为评估我们产生的影响提供了重要证据。右下象限包括成绩未达标，但进步超过平均水平的学生。对于菲茨杰拉德老师和迪克森老师而言，这是她们对学生学习产生了影响的证据；她们实施了最行之有效的干预措施，并且学生也在高水平上学习。这些进步高于平均水平的学生经过几年的学习，成绩最终会达标乃至优秀。这就是学习！然而，我们需要立即对左下象限的学生采取行动。这些学生成绩未能达标，也没有表现出进步。再次强调，这些评估产生的证据并没有我们应该根据这些数据采取什么行动重要。在这种情况下，菲茨杰拉德老师、迪克森老师或其他任何老师必须即刻决定下一阶段的学习方向并提供补偿性或适应性教学方法，为此类学生提供助力。

让我们来看看迪克森老师班级的结果，该结果是根据学生的成绩和进步绘制的，如图5.4所示。

我们能看出，虽然卡莉（Carlo）和布鲁诺（Bruno）的摸底成绩处于平均水平，但他们的进步最小，尤其是与马特乌斯（Mateus）、克里斯汀（Christian）和杰瑞德（Jared）相比时——这3位同学的摸底成绩与他们差不多，但取得了显著的进步；玛雅（Maya）和伊夫林（Evelyn）取得了最高的摸底成绩，但未能取得显著进步；琳赛（Lindsay）和莎琳（Shareen）的摸底成绩低于平均分，和蒂姆（Tim）、科特妮（Courtney）和杰瑞德差不多，但蒂姆、科特妮和杰瑞德取得了显著进步；等等。这些问题需要解决，并为迪克森老师如何规划下一个课程周期提供了依据。迪克森老师应当关注的是，什么使得她激励了那些取得显著进步的学生，不论他们拥有什么样的摸底成绩。我们常常关注成绩好或成绩差的学生，却忽略了更重要的信息：有哪些学生，我们能在他们取得进步并达到成功标准的过程中产生最大影响。

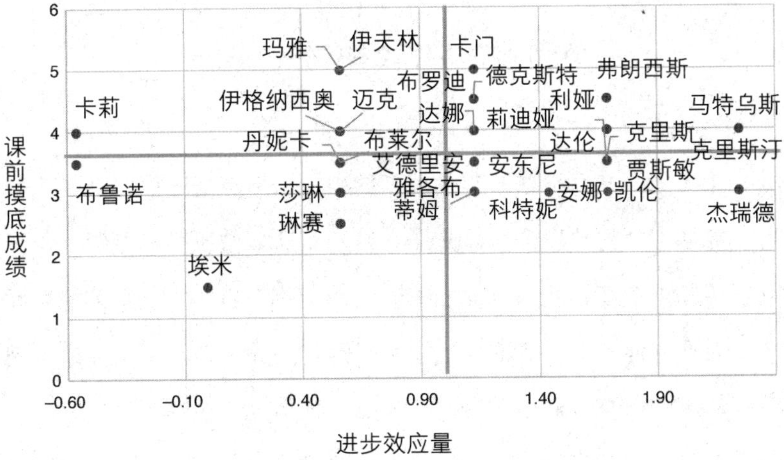

图5.4　成绩与进步

最后，评估是了解并运用所需技能，通过多种测评方式，来评估我们对学生学习产生的影响。这包括对学习过程的评估、为了促进学习而进行的评估以及对学习情况的评估。不论我们是检查学生对知识的理解情况还是进行课后测试，评估我们对学生学习产生的影响不应被简化为成绩、评分或等级。相反，评估的力量在于我们如何解读这些证据以及如何运用我们了解到的有关学生学习进步的信息。评估不仅是关于我们如何实施最行之有效的干预措施，还包括我们自信地根据学生带来的证据来了解，实施最行之有效的干预措施是否对学生的学习产生了影响。评估不是终点，而是深思熟虑地决策下一阶段学习方向的新起点。换言之，再次进入新一轮的DIIE模型循环。

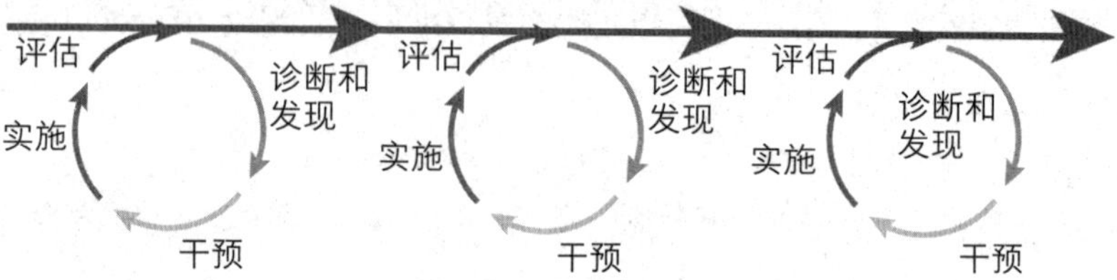

图5.5　实施最行之有效的干预措施

总结

让我们再次回到本书开头提到的奥斯卡·瓦斯奎兹老师和凯瑟琳·梅耶老师的故事，并以此作为结尾。这两位教师的差距不在于其学科知识或者其教学方面的知识。他们不乏良好的主意来规划教学、规划如何吸引和激励学生学习。两者的关键差距在于瓦斯奎兹老师知道如何有效实施最行之有效的干预措施，能够将一个好主意从潜能转化为实施。这就引出了本书要解决的问题：如何将潜能转化为实施。值得重申的是，无论是在实体课堂教学、混合式教学还是虚拟教学中，都有必要将潜能转化为实施。无论是在厨房里还是在幼儿园教室的桌子旁，我们都需要诊断和发现，选择合适的干预措施，并付诸实施，再持之以恒地评估我们对学生学习产生的影响。重要的是我们作为教师做出的决策，而非以上过程发生时的教学环境。最后，我们仍需努力确保学生在结束一天的课程时取得了一定的进步。

瓦斯奎兹老师和本书提到的所有其他老师通过明确了解学生当前所处学习阶段来实施最行之有效的干预措施，从其专业知识库中提取出最行之有效的干预措施，并持之以恒地评估他们的决策对学生学习产生的影响。对我们产生的影响的评估结果，又将我们带回到理解学生当下所处学习阶段这一步。这样，整个过程循环往复。

REFERENCES
参考文献

Acala, L. (2018, September 8). My favorite no: Learning from mistakes. Retrieved from https://learn.teachingchannel.com/video/class-warm-up-routine Ainsworth, L., & Donovan, K. (2019). Rigorous curriculum design (2nd ed.). Boston, MA: Houghton Mifflin Harcourt.

Antonetti, J., & Stice, T. (2018). #Powerful task design: Rigorous and engaging tasks to level up instruction. Thousand Oaks, CA: Corwin.

Australian Children's Education & Care Quality Authority. (2018, February). The environment as the 'third teacher'. National Quality Standard: QA 3. Retrieved from www.acecqa.gov.au.

Ball, D. L., & Bass, H. (2009). With an eye on the mathematical horizon: Knowing mathematics for teaching to learners' mathematical futures. In M. Neubrand (Ed.), Beitrage zum Mathematikunterricht 2009: Vortrage auf der 43. Tagung für Didaktik der Mathematik vom 2.-6. Marz 2009 in Oldenburg (Bande 1 und 2, pp. 11 - 29). Munster, Germany: WTM-Verlag.

Beekes, R. (2010). Etymological dictionary of Greek. Leiden, Netherlands: Brill.

Berliner, D. C. (2001). Learning about and learning from expert teachers. International Journal of Educational Research, 35(5), 463 - 482.

Boaler, J. (2016). Mathematical mindsets. Unleashing students' potential through creative math, inspiring messages and innovative teaching. San Francisco, CA: Jossey-Bass.

Brophy. J. (1998). Motivating students to learn. New York, NY: McGraw-Hill.

Bustamante, V., & Almarode, J. (2020, April 6). Teaching and learning in the new normal. Corwin Connect. Retrieved from https://corwin-connect.com/2020/04/teaching-and- learning-in-the-new-normal

Butler, R., (2017). Why choose teaching, and does it matter? In H. M. G. Watt, P. W. Richardson, & K. Smith (Eds.), Global perspectives on teacher motivation (pp. 377 - 388). Cambridge, UK: Cambridge University Press.

Cornelius-White, J. (2007). Learner-centered teacher-student relationships are effective: A meta-analysis. Review of Educational Research, 77(1), 113 - 143.

Darling-Hammond, L., & Oakes, J. (2019). Preparing

teachers for deeper learning. Harvard Education Press: Cambridge, MA.

Eccles, J. (2005). Subjective task value and the Eccles et al. model of achievement-related choices. In A. J. Elliot & C. S. Dweck (Eds.), Handbook of competence and motivation (pp. 105 - 121). New York, NY: Guilford.

Erickson, F. (2011). On noticing teacher noticing. In M. G. Sherin, V. R. Jacobs, & R. A. Philipp (Eds.), Mathematics teacher noticing: Seeing through the teachers' eyes (pp. 17 - 34). New York, NY: Routledge.

Fisher, D., & Frey, N. (2004). Inclusive urban schools. Baltimore, MD: Paul H. Brookes.

Fisher, D., Frey, N., & Hattie, J. (2016). Visible learning for literacy. Thousand Oaks, CA: Corwin.

Frey, N., Hattie, J., & Fisher, D. (2018). Developing assessment-capable visible learners, grades K - 12: Maximizing skill, will, and thrill. Thousand Oaks, CA: Corwin.

Guskey, T. R. (2018). Does pre-assessment work? Educational Leadership, 75(5), 52 - 57.

Guskey, T. R., & McTighe, J. (2016). Pre-assessment: Promises and cautions. Educational Leadership, 73(17), 38 - 43.

Hattie, J., (2009). Visible learning: A synthesis of over 800 meta-analyses relating to achievement. New York, NY: Routledge.

Hattie, J., (2012). Visible learning for teachers: Maximizing impact on learning. New York, NY: Routledge.

Hattie, J., & Donoghue, G. M. (2016). Learning strategies: A synthesis and conceptual model. NPJ Science of Learning, 1, 1 - 13.

Hattie, J., & Zierer, K. (2018). 10 mindframes for visible learning: Teaching for success. Thousand Oaks, CA: Corwin.

Hattie, J., & Zierer, K. (2019). Visible learning insights. New York, NY: Routledge.

Hockett, J. A., & Doubet, K. J., (2014). Turning on the lights: What pre-assessments can do. Educational Leadership, 71(4), 50 - 54.

Kahneman, D., & Tversky, A., Eds. (2000). Choices, values, and frames. New York, NY: Cambridge University Press.

Lauermann, L., Karabenick, S. A., Carpenter, R., & Kuusinen, C. (2017). Teacher motivation and professional commitment in the United States: The role of motivations for teaching, teacher self-efficacy and sense of professional responsibility. In H. M. G. Watt, P. W. Richardson, & K. Smith (Eds.), Global perspectives on teacher motivation (pp. 322 - 348). Cambridge, UK: Cambridge University Press.

Malaguzzi, L. (1984). When the eye jumps over the wall: Narratives of the possible. Regione Emilia Romagna, Comune di Reggio Emilia.

Marzano, R. J. (2017). The new art and science of teaching. Solution Tree Press: Bloomington, IN.

Nuthall, G., (2007). The hidden lives of learners. NZCER Press. Wellington, NZ.

Posner, G. (2004). Analyzing the curriculum (3rd ed.). McGraw-Hill: New York, NY.

Saphier, J., Haley-Speca, M. A., & Gower, R. (2018). The skillful teacher (7th ed.). Acton, MA: Research for Better Teaching, Inc.

Schoenfeld, A. H. (2011). Noticing matters. A lot. Now what?. In M. G. Sherin, V. R. Jacobs, & R. A. Philipp (Eds.), Mathematics teacher noticing: Seeing through the teachers' eyes (pp. 223 - 238). New York, NY: Routledge.

Sherin, M. G., Jacobs, V. R., & Philipp, R. A. (2011). Situating the study of teacher noticing. In M. G. Sherin, V. R. Jacobs, & R. A. Philipp (Eds.), Mathematics teacher noticing: Seeing through the teachers' eyes (pp. 3 - 13). New York, NY: Routledge.

Sparks, S. (2019, March 12). Why teacher-student relationships matter. Education Week. https://www.edweek.org/ew/articles/2019/03/13/why-teacher-student- relationships-matter.html.

Strong, J. H. (2018). Qualities of effective teachers (3rd ed.). Alexandria, VA: ASCD.

Sweeney, D., & Harris, L. S. (2016). Student-centered coaching: The moves. Thousand Oaks, CA: Corwin.

Szidon, K., & Franzone, E. (2009). Task analysis. Madison, National Professional Development Center on Autism Spectrum Disorders, Waisman Center, University of Wisconsin.

Watt, H. M. G., & Richardson, P. W., (2007). Motivational factors influencing teaching as a career choice: Development and validation of the FIT-Choice scale. Journal of Experimental Education, 75, 167 - 202.

Watt, H. M. G., Richardson, P. W., & Smith, K. (2017). Why teach? How teachers' motivations matter around the world. In H. M. G. Watt, P. W. Richardson, & K. Smith (Eds.), Global perspectives on teacher motivation (pp. 1 - 21). Cambridge, UK: Cambridge University Press.

“常青藤”书系—中青文教师用书总目录

书名	书号	定价
特别推荐——从优秀到卓越系列		
从优秀教师到卓越教师：极具影响力的日常教学策略	9787515312378	33.80
从优秀教学到卓越教学：让学生专注学习的最实用教学指南	9787515324227	39.90
从优秀学校到卓越学校：他们的校长在哪些方面做得更好	9787515325637	59.90
卓越课堂管理（中国教育新闻网2015年度“影响教师的100本书”）	9787515331362	88.00
名师新经典/教育名著		
最难的问题不在考试中：先别教答案，带学生自己找到想问的事	9787515365930	48.00
在芬兰中小学课堂观摩研修的365日	9787515363608	49.00
马文·柯林斯的教育之道：通往卓越教育的路径（《中国教育报》2019年度“教师喜爱的100本书”，中国教育新闻网“影响教师的100本书”。朱永新作序，李希贵力荐）	9787515355122	49.80
如何当好一名学校中层：快速提升中层能力、成就优秀学校的31个高效策略	9787515346519	49.00
像冠军一样教学：引领学生走向卓越的62个教学诀窍	9787515343488	49.00
像冠军一样教学 2：引领教师掌握62个教学诀窍的实操手册与教学资源	9787515352022	68.00
如何成为高效能教师	9787515301747	89.00
给教师的101条建议（第三版）（《中国教育报》“最佳图书”奖）	9787515342665	49.00
改善学生课堂表现的50个方法（入选《中国教育报》“影响教师的100本书”）	9787500693536	33.00
改善学生课堂表现的50个方法操作指南：小技巧获得大改变	9787515334783	39.00
美国中小学世界历史读本 / 世界地理读本 / 艺术史读本	9787515317397等	106.00
美国语文读本1-6	9787515314624等	252.70
和优秀教师一起读苏霍姆林斯基	9787500698401	27.00
快速破解60个日常教学难题	9787515339320	39.90
美国最好的中学是怎样的——让孩子成为学习高手的乐园	9787515344713	28.00
建立以学习共同体为导向的师生关系：让教育的复杂问题变得简单	9787515353449	33.80
教师成长/专业素养		
如何更积极地教学	9787515369594	49.00
教师的专业成长与评价性思考：专业主义如何影响和改变教育	9787515369143	49.90
精益教育与可见的学习：如何用更精简的教学实现更好的学习成果	9787515368672	59.00
教学这件事：感动几代人的教师专业成长指南	9787515367910	49.00
如何更快地变得更好：新教师90天培训计划	9787515365824	59.90
让每个孩子都发光：赋能学生成长、促进教师发展的KIPP学校教育模式	9787515366852	59.00
60秒教师专业发展指南：给教师的239个持续成长建议	9787515366739	59.90
通过积极的师生关系提升学生成绩：给教师的行动清单	9787515356877	49.00
卓越教师工具包：帮你顺利度过从教的前5年	9787515361345	49.00
可见的学习与深度学习：最大化学生的技能、意志力和兴奋感	9787515361116	45.00
学生教给我的17件重要的事：带给你爱、勇气、坚持与创意的人生课堂	9787515361208	39.80
教师如何持续学习与精进	9787515361109	39.00
从实习教师到优秀教师	9787515358673	39.90
像领袖一样教学：改变学生命运，使学生变得更好（中国教育新闻网2015年度“影响教师的100本书”）	9787515355375	49.00
你的第一年：新教师如何生存和发展	9787515351599	33.80
教师精力管理：让教师高效教学，学生自主学习	9787515349169	39.90
如何使学生成为优秀的思考者和学习者：哈佛大学教育学院课堂思考解决方案	9787515348155	49.90
反思性教学：一个已被证明能让教师做到更好的培训项目（30周年纪念版）	9787515347837	59.90
凭什么让学生服你：极具影响力的日常教育策略（中国教育新闻网2017年度“影响教师的100本书”）	9787515347554	39.90
运用积极心理学提高学生成绩（中国教育新闻网2017年度“影响教师的100本书”）	9787515345680	59.90
可见的学习与思维教学：成长型思维教学的54个教学资源：教学资源版	9787515354743	36.00

	书名	书号	定价
★	可见的学习与思维教学：让教学对学生可见，让学习对教师可见（中国教育报2017年度“教师最喜爱的100本书”）	9787515345000	39.90
	教学是一段旅程：成长为卓越教师你一定要知道的事	9787515344478	39.00
	安奈特·布鲁肖写给教师的101首诗	9787515340982	35.00
	万人迷老师养成宝典学习指南	9787515340784	28.00
	中小学教师职业道德培训手册：师德的定义、养成与评估	9787515340777	32.00
	成为顶尖教师的10项修炼（中国教育新闻网2015年度“影响教师的100本书”）	9787515334066	49.90
★	T. E. T. 教师效能训练：一个已被证明能让所有年龄学生做到最好的培训项目（30周年纪念版）（中国教育新闻网2015年度“影响教师的100本书”）	9787515332284	49.00
	教学需要打破常规：全世界最受欢迎的创意教学法（中国教育新闻网2015年度“影响教师的100本书”）	9787515331591	45.00
	给幼儿教师的100个创意：幼儿园班级设计与管理	9787515330310	39.90
	给小学教师的100个创意：发展思维能力	9787515327402	29.00
	给中学教师的100个创意： 如何激发学生的天赋和特长 / 杰出的教学 / 快速改善学生课堂表现	9787515330723等	87.90
	以学生为中心的翻转教学11法	9787515328386	29.00
	如何使教师保持职业激情	9787515305868	29.00
★	如何培训高效能教师：来自全美权威教师培训项目的建议	9787515324685	39.90
	良好教学效果的12试金石：每天都需要专注的事情清单	9787515326283	29.90
★	让每个学生主动参与学习的37个技巧	9787515320526	45.00
	给教师的40堂培训课：教师学习与发展的最佳实操手册	9787515352787	39.90
	提高学生学习效率的9种教学方法	9787515310954	27.80
★	优秀教师的课堂艺术：唤醒快乐积极的教学技能手册	9787515342719	26.00
★	万人迷老师养成宝典（第2版）（入选《中国教育报》“2010年影响教师的100本书”）	9787515342702	39.00
	高效能教师的9个习惯	9787500699316	26.00
	课堂教学/课堂管理		
	好的教学是设计出来的：一套详细、先进、实用的卓越课堂设计和实施方案	9787515370705	49.00
	翻转课堂与差异化教学：以学生为中心的课内翻转教学法	9787515370590	49.00
	精益备课法：在课堂上少做多得的实用方法	9787515370088	49.00
	记忆教学法：利用记忆在课堂上建立深入和持久的学习	9787515370095	49.00
	动机教学法：利用学习动机科学来提高课堂上的注意力和努力	9787515370101	49.00
★	课堂上的提问逻辑：更深度、更系统地促进学生的学习与思考	9787515369983	49.90
	可见的教学影响力：系统地执行可见的学习5D深度教学	9787515369624	59.00
	极简课堂管理法：给教师的18个精进课堂管理的建议	9787515369600	49.00
★	像行为管理大师一样管理你的课堂：给教师的课堂行为管理解决方案	9787515368108	59.00
	差异化教学与个性化教学：未来多元课堂的智慧教学解决方案	9787515367095	49.90
	如何设计线上教学细节：快速提升线上课程在线率和课堂学习参与度	9787515365886	49.00
	设计型学习法：教学与学习的重新构想	9787515366982	59.00
	让学习真正在课堂上发生：基于学习状态、高度参与、课堂生态的深度教学	9787515366975	49.00
	让教师变得更好的75个方法：用更少的压力获得更快的成功	9787515365831	49.00
	技术如何改变教学：使用课堂技术创造令人兴奋的学习体验，并让学生对学习记忆深刻	9787515366661	49.00
	课堂上的问题形成技术：老师怎样做，学生才会提出好的问题	9787515366401	45.00
	翻转课堂与项目式学习	9787515365817	45.00
★	优秀教师一定要知道的19件事：回答教师核心素养问题，解读为什么要向优秀者看齐	9787515366630	39.00
	从作业设计开始的30个创意教学法：运用互动反馈循环实现深度学习	9787515366364	59.00
	基于课堂中精准理解的教学设计	9787515365909	49.00
	如何创建培养自主学习者的课堂管理系统	9787515365879	49.00
	如何设计深度学习的课堂：引导学生学习的176个教学工具	9787515366715	49.90
	如何提高课堂创意与参与度：每个教师都可以使用的178个教学工具	9787515365763	49.90

书名	书号	定价
如何激活学生思维：激励学生学习与思考的187个教学工具	9787515365770	49.90
男孩不难教：男孩学业、态度、行为问题的新解决方案	9787515364827	49.00
高度参与的线上线下融合式教学设计：极具影响力的备课、上课、练习、评价项目教学法	9787515364438	49.00
跨学科项目式教学：通过“+1”教学法进行计划、管理和评估	9787515361086	49.00
课堂上最重要的56件事	9787515360775	35.00
全脑教学与游戏教学法	9787515360690	39.00
深度教学：运用苏格拉底式提问法有效开展备课设计和课堂教学	9787515360591	49.90
一看就会的课堂设计：三个步骤快速构建完整的课堂管理体系	9787515360584	39.90
如何有效激发学生学习兴趣	9787515360577	38.00
如何解决课堂上最关键的9个问题	9787515360195	49.00
多元智能教学法：挖掘每一个学生的最大潜能	9787515359885	39.90
探究式教学：让学生学会思考的四个步骤	9787515359496	39.00
课堂提问的技术与艺术	9787515358925	49.00
如何在课堂上实现卓越的教与学	9787515358321	49.00
基于学习风格的差异化教学	9787515358437	39.90
如何在课堂上提问：好问题胜过好答案	9787515358253	39.00
高度参与的课堂：提高学生专注力的沉浸式教学	9787515357522	39.90
让学习变得有趣	9787515357782	39.00
如何利用学校网络进行项目式学习和个性化学习	9787515357591	39.90
基于问题导向的互动式、启发式与探究式课堂教学法	9787515356792	49.00
如何在课堂中使用讨论：引导学生讨论式学习的60种课堂活动	9787515357027	38.00
如何在课堂中使用差异化教学	9787515357010	39.90
如何在课堂中培养成长型思维	9787515356754	39.90
每一位教师都是领导者：重新定义教学领导力	9787515356518	39.90
教室里的1-2-3魔法教学：美国广泛使用的从学前到八年级的有效课堂纪律管理	9787515355986	39.90
如何在课堂中使用布卢姆教育目标分类法	9787515355658	39.00
如何在课堂上使用学习评估	9787515355597	39.00
7天建立行之有效的课堂管理系统：以学生为中心的分层式正面管教	9787515355269	29.90
积极课堂：如何更好地解决课堂纪律与学生的冲突	9787515354590	38.00
设计智慧课堂：培养学生一生受用的学习习惯与思维方式	9787515352770	39.00
追求学习结果的88个经典教学设计：轻松打造学生积极参与的互动课堂	9787515353524	39.00
从备课开始的100个课堂活动设计：创造积极课堂环境和学习乐趣的教师工具包	9787515353432	33.80
老师怎么教，学生才能记得住	9787515353067	48.00
多维互动式课堂管理：50个行之有效的方法助你事半功倍	9787515353395	39.80
智能课堂设计清单：帮助教师建立一套规范程序和做事方法	9787515352985	49.90
提升学生小组合作学习的56个策略：让学生变得专注、自信、会学习	9787515352954	29.90
快速处理学生行为问题的52个方法：让学生变得自律、专注、爱学习	9787515352428	39.00
王牌教学法：罗恩·克拉克学校的创意课堂	9787515352145	39.80
让学生快速融入课堂的88个趣味游戏：让上课变得新颖、紧凑、有成效	9787515351889	39.00
如何调动与激励学生：唤醒每个内在学习者（李希贵校长推荐全校教师研读）	9787515350448	39.80
合作学习技能35课：培养学生的协作能力和未来竞争力	9787515340524	59.00
基于课程标准的STEM教学设计：有趣有料有效的STEM跨学科培养教学方案	9787515349879	68.00
如何设计教学细节：好课堂是设计出来的	9787515349152	39.00
15秒课堂管理法：让上课变得有料、有趣、有秩序	9787515348490	49.00
混合式教学：技术工具辅助教学实操手册	9787515347073	39.80
从备课开始的50个创意教学法	9787515346618	39.00
中学生实现成绩突破的40个引导方法	9787515345192	33.00
给小学教师的100个简单的科学实验创意	9787515342481	39.00

	书名	书号	定价
	老师如何提问，学生才会思考	9787515341217	49.00
	教师如何提高学生小组合作学习效率	9787515340340	39.00
	卓越教师的200条教学策略	9787515340401	49.90
	中小学生执行力训练手册：教出高效、专注、有自信的学生	9787515335384	49.90
	从课堂开始的创客教育：培养每一位学生的创造能力	9787515342047	33.00
	提高学生学习专注力的8个方法：打造深度学习课堂	9787515333557	35.00
	改善学生学习态度的58个建议	9787515324067	36.00
★	全脑教学（中国教育新闻网2015年度“影响教师的100本书”）	9787515323169	38.00
★	全脑教学与成长型思维教学：提高学生学习力的92个课堂游戏	9787515349466	39.00
★	哈佛大学教育学院思维训练课：让学生学会思考的20个方法	9787515325101	59.90
	完美结束一堂课的35个好创意	9787515325163	28.00
	如何更好地教学：优秀教师一定要知道的事	9787515324609	49.90
	带着目的教与学	9787515323978	39.90
★	美国中小学生社会技能课程与活动（学前阶段/1-3年级/4-6年级/7-12年级）	9787515322537等	215.70
	彻底走出教学误区：开启轻松智能课堂管理的45个方法	9787515322285	28.00
	破解问题学生的行为密码：如何教好焦虑、逆反、孤僻、暴躁、早熟的学生	9787515322292	36.00
	13个教学难题解决手册	9787515320502	28.00
★	让学生爱上学习的165个课堂游戏	9787515319032	59.00
	美国学生游戏与素质训练手册：培养孩子合作、自尊、沟通、情商的103种教育游戏	9787515325156	49.00
	老师怎么说，学生才会听	9787515312057	39.00
	快乐教学：如何让学生积极与你互动（入选《中国教育报》“影响教师的100本书”）	9787500696087	29.00
★	老师怎么教，学生才会提问	9787515317410	29.00
★	快速改善课堂纪律的75个方法	9787515313665	39.90
★	教学可以很简单：高效能教师轻松教学7法	9787515314457	39.00
★	好老师可以避免的20个课堂错误（入选《中国教育报》“影响教师的100本图书”）	9787500688785	39.90
★	好老师应对课堂挑战的25个方法（《给教师的101条建议》作者新书）	9787500699378	25.00
★	好老师激励后进生的21个课堂技巧	9787515311838	39.80
★	开始和结束一堂课的50个好创意	9787515312071	29.80
	好老师因材施教的12个方法（美国著名教师伊莉莎白“好老师”三部曲）	9787500694847	22.00
★	如何打造高效能课堂	9787500680666	29.00
	合理有据的教师评价：课堂评估衡量学生进步	9787515330815	29.00
	班主任工作/德育		
★	北京四中8班的教育奇迹	9787515321608	36.00
★	师德教育培训手册	9787515326627	29.80
	中小学教师职业道德培训手册：师德的定义、养成与评估	9787515340777	32.00
★	好老师征服后进生的14堂课（美国著名教师伊莉莎白“好老师”三部曲）	9787500693819	39.90
	优秀班主任的50条建议：师德教育感动读本（《中国教育报》专题推荐）	9787515305752	23.00
	学校管理/校长领导力		
★	哈佛大学教育学院学校创新管理课	9787515369389	59.90
	如何构建积极型学校	9787515368818	49.90
	卓越课堂的50个关键问题	9787515366678	39.00
	如何培育卓越教师：给学校管理者的行动清单	9787515357034	39.00
★	学校管理最重要的48件事	9787515361055	39.80
	重新设计学习和教学空间：设计利于活动、游戏、学习、创造的学习环境	9787515360447	49.90
	重新设计一所好学校：简单、合理、多样化地解构和重塑现有学习空间和学校环境	9787515356129	49.00
	让樱花绽放英华	9787515355603	79.00
	学校管理者平衡时间和精力的21个方法	9787515349886	29.90
	校长引导中层和教师思考的50个问题	9787515349176	29.00

书名	书号	定价
如何定义、评估和改变学校文化	9787515340371	29.80
优秀校长一定要做的18件事（入选《中国教育报》"2009年影响教师的100本书"）	9787515342733	39.90
学科教学/教科研		
精读三国演义20讲：读写与思辨能力提升之道	9787515369785	59.90
中学古文观止50讲：文言文阅读能力提升之道	9787515366555	59.90
完美英语备课法：用更短时间和更少材料让学生高度参与的100个课堂游戏	9787515366524	49.00
人大附中整本书阅读取胜之道：让阅读与作文双赢	9787515364636	59.90
北京四中语文课：千古文章	9787515360973	59.00
北京四中语文课：亲近经典	9787515360980	59.00
从备课开始的56个英语创意教学：快速从小白老师到名师高手	9787515359878	49.90
美国学生写作技能训练	9787515355979	39.90
《道德经》妙解、导读与分享（诵读版）	9787515351407	49.00
京沪穗江浙名校名师联手教你：如何写好中考作文	9787515356570	49.90
京沪穗江浙名校名师联手授课：如何写好高考作文	9787515356686	49.80
人大附中中考作文取胜之道	9787515345567	59.90
人大附中高考作文取胜之道	9787515320694	49.90
人大附中学生这样学语文：走近经典名著	9787515328959	49.90
四界语文（入选《中国教育报》2017年度"教师喜爱的100本书"）	9787515348483	49.00
让小学一年级孩子爱上阅读的40个方法	9787515307589	39.90
让学生爱上数学的48个游戏	9787515326207	26.00
轻松100 课教会孩子阅读英文	9787515338781	88.00
情商教育/心理咨询		
给大人的关于儿童青少年情绪与行为问题的应对指南	9787515366418	89.90
教师焦点解决方案：运用焦点解决方案管理学生情绪与行为	9787515369471	49.90
9节课，教你读懂孩子：妙解亲子教育、青春期教育、隔代教育难题	9787515351056	39.80
学生版盖洛普优势识别器（独一无二的优势测量工具）	9787515350387	169.00
与孩子好好说话（获"美国国家育儿出版物（NAPPA）金奖"）	9787515350370	39.80
中小学心理教师的10项修炼	9787515309347	36.00
别和青春期的孩子较劲（增订版）（入选《中国教育报》"2009年影响教师的100本书"）	9787515343075	39.90
100条让孩子胜出的社交规则	9787515327648	28.00
守护孩子安全一定要知道的17个方法	9787515326405	32.00
幼儿园/学前教育		
幼儿园室内区域活动书：107个有趣的学习游戏活动	9787515369778	59.90
幼儿园户外区域活动书：106个有趣的学习游戏活动	9787515369761	59.90
中挪学前教育合作式学习：经验・对话・反思	9787515364858	79.00
幼小衔接听读能力课	9787515364643	33.00
用蒙台梭利教育法开启0~6岁男孩潜能	9787515361222	45.00
德国幼儿的自我表达课：不是孩子爱闹情绪，是她/他想说却不会说！	9787515359458	59.00
德国幼儿教育成功的秘密：近距离体验德国学前教育理念与幼儿园日常活动安排	9787515359465	49.80
美国儿童自然拼读启蒙课：至关重要的早期阅读训练系统	9787515351933	49.80
幼儿园30个大主题活动精选：让工作更轻松的整合技巧	9787515339627	39.80
美国幼儿教育活动大百科：3-6岁儿童学习与发展指南用书 科学 / 艺术 / 健康与语言 / 社会	9787515324265等	600.00
蒙台梭利早期教育法：3-6岁儿童发展指南（理论版）	9787515322544	29.80
蒙台梭利儿童教育手册：3-6岁儿童发展指南（实践版）	9787515307664	33.00
自由地学习：华德福的幼儿园教育	9787515328300	49.90
教育主张/教育视野		
重新定义教育：为核心素养而教，为生存能力而学	9787515369945	59.90

	书名	书号	定价
	重新定义学习：如何设计未来学校与引领未来学习	9787515367484	49.90
	教育新思维：帮助孩子达成目标的实战教学法	9787515365848	49.00
	学习是如何发生的：教育心理学中的开创性研究及其实践意义	9787515366531	59.90
	父母不应该错过的犹太人育儿法	9787515365688	59.00
	如何在线教学：教师在智能教育新形态下的生存与发展	9787515365855	49.00
	正向养育：黑幼龙的慢养哲学	9787515365671	39.90
	颠覆教育的人：蒙台梭利传	9787515365572	59.90
	如何科学地帮助孩子学习：每个父母都应知道的77项教育知识	9787515368092	59.00
	学习的科学：每位教师都应知道的99项教育研究成果（升级版）	9787515368078	59.90
	学习的科学：每位教师都应知道的77项教育研究成果	9787515364094	59.00
	真实性学习：如何设计体验式、情境式、主动式的学习课堂	9787515363769	49.00
	哈佛前1%的秘密（俞敏洪、成甲、姚梅林、张梅玲推荐）	9787515363349	59.90
	基于七个习惯的自我领导力教育设计：让学校育人更有道，让学生自育更有根	9787515362809	69.00
	终身学习：让学生在未来拥有不可替代的决胜力	9787515360560	49.90
	颠覆性思维：为什么我们的阅读方式很重要	9787515360393	39.90
	如何教学生阅读与思考：每位教师都需要的阅读训练手册	9787515359472	39.00
	成长型教师：如何持续提升教师成长力、影响力与教育力	9787515368689	48.00
	教出阅读力	9787515352800	39.90
	为学生赋能：当学生自己掌控学习时，会发生什么	9787515352848	33.00
	如何用设计思维创意教学：风靡全球的创造力培养方法	9787515352367	39.80
	如何发现孩子：实践蒙台梭利解放天性的趣味游戏	9787515325750	32.00
	如何学习：用更短的时间达到更佳效果和更好成绩	9787515349084	49.00
	教师和家长共同培养卓越学生的10个策略	9787515331355	27.00
★	如何阅读：一个已被证实的低投入高回报的学习方法	9787515346847	39.00
★	芬兰教育全球第一的秘密（钻石版）(《中国教育报》等主流媒体专题推荐）	9787515359922	59.00
	培养终身学习能力和习惯的芬兰教育：成就每一个学生，拥有适应未来的核心素养和必备技能	9787515370415	59.00
★	杰出青少年的7个习惯（精英版）	9787515342672	39.00
	杰出青少年的7个习惯（成长版）	9787515335155	29.00
★	杰出青少年的6个决定（领袖版）(全国优秀出版物奖）	9787515342658	49.90
★	7个习惯教出优秀学生（第2版）(全球畅销书《高效能人士的七个习惯》教师版）	9787515342573	39.90
	学习的科学：如何学习得更好更快（入选中国教育网2016年度“影响教师的100本书”）	9787515341767	39.80
	杰出青少年构建内心世界的5个坐标（中国青少年成长公开课）	9787515314952	59.00
★	跳出教育的盒子（第2版）(美国中小学教学经典畅销书）	9787515344676	35.00
	夏烈教授给高中生的19场讲座	9787515318813	29.90
★	学习之道：美国公认经典学习书	9787515342641	39.00
★	翻转学习：如何更好地实践翻转课堂与慕课教学（中国教育新闻网2015年度“影响教师的100本书”）	9787515334837	32.00
★	翻转课堂与慕课教学：一场正在到来的教育变革	9787515328232	26.00
	翻转课堂与混合式教学：互联网+时代，教育变革的最佳解决方案	9787515349022	29.80
	翻转课堂与深度学习：人工智能时代，以学生为中心的智慧教学	9787515351582	29.80
★	奇迹学校：震撼美国教育界的教学传奇（中国教育新闻网2015年度“影响教师的100本书”）	9787515327044	36.00
★	学校是一段旅程：华德福教师1–8年级教学手记	9787515327945	49.00
★	高效能人士的七个习惯（30周年纪念版）(全球畅销书）	9787515360430	79.00

您可以通过如下途径购买：

1. 书　　店：各地新华书店、教育书店。
2. 网上书店：当当网（www.dangdang.com）、天猫（zqwts.tmall.com）、京东网（www.jd.com）。
3. 团　　购：各地教育部门、学校、教师培训机构、图书馆团购，可享受特别优惠。

　购书热线：010-65511272 / 65516873